KB102381

혼자공부하는
영어습관의힘

Written by **David Thayne**

교육 R&D에 앞서가는
 키출판사

『혼자 공부하는 영어 습관의 힘:
영어패턴+영어회화 편』은

원어민이 즐겨 사용하는
"시작 표현" Top60을 공개합니다.

매일 딱 1개 표현을
6가지 실전 상황에서 만나 보세요.

"시작 표현"을 활용해
자꾸 영어로 말을 꺼내 보세요.
어떻게든 영어로 말문이 트입니다!

-혼공 영어 습관 올림-

본격적인 Part 1에 들어가기 전
내가 영어로 말을 못 하는 이유부터
진단합니다.

Part 1에서는 원어민 MP3를 듣고
영어 회화가 쉬워지는 60가지
시작 표현을 반복해서 말해 보세요.

시작 표현을 마스터한 뒤 Part 2에서 소개하는
효율적인 공부법을 꼼꼼히 익히면
영어 실력을 확실하게 끌어올릴 수 있습니다.

당신의 '어휘력'은 충분하다.
그런데 왜 말을 못 할까?

왜 당신은 영어로 말을 못 할까?

'중학교, 고등학교만 해도 6년은 영어를 배웠고, 나름 단어와 문법도 아는데 막상 영어로 말하려면 왠지 말이 나오지 않는다'는 사람이 많을 겁니다.

그렇다고 해서 다시 처음부터 끝까지 공부할 생각은 없지만 어떻게든 빠르고 손쉽게 말문을 트고 싶다면 바로 여기, 당신을 위한 책이 있습니다.

필자는 30년 동안 만 명 이상의 학생들에게 영어를 가르치며 왜 이들이 좀처럼 영어 회화를 못 하는지 고민해 왔습니다. 물론 하나의 원인만 있는 것은 아니겠죠. 여러 환경·사회적 요인이 복합적으로 연관되어 있습니다. 개인차 또한 크게 작용하고요.

다만 최근에 그중에서도 큰 문제라고 생각하는 원인이 있습니다.

바로 많은 이들이 원어민이 자주 사용하는 '시작 표현'을 모른다는 점입니다.

영어 말하기를 힘들어하는 사람들은 문장 앞머리에 'I think…', 'Do you…', 'What do you…' 등과 같은 패턴을 반복하는 경향이 있습니다.

상황에 맞는 시작 표현이 생각나지 않다 보니 잘 아는 기본적인 단어도 입 밖으로 나오지 않겠죠. 중학교와 고등학교에서 배운 수준의 영단어만 써도 제법 말할 수 있을 텐데, 갖고 있는 어휘 지식을 실전에서 전혀 써먹지 못하고 맙니다.

하지만 활용도가 높은 '시작 표현'을 익히면 최소한의 어휘력으로도 상당한 수준의 영어를 말할 수 있어요.

'시작 표현'을 모르니 말을 못 한다.

구체적인 예를 하나 들어 보겠습니다.
여러분은 '혼자 살면 정말 좋아'라는 말을 영어로 어떻게 표현하시겠어요?

정답을 말하기 전에 힌트를 하나 드릴게요.
여러분은 대부분 'Nice to meet you.'라는 표현을 아실 겁니다. '만나서 반갑다'는 뜻으로 자주 접하는 단골 인사말이죠.

사실 여기서 'Nice to…'는 'It's nice to…'의 줄임말입니다. 여러분 중 'Nice to…'라고 하면 자동으로 'Nice to meet you.'를 떠올리는 사람이 많겠지만, 그래서는 좀 아쉬워요.

영어로 말을 못 하는 사람, 뭐가 문제일까?

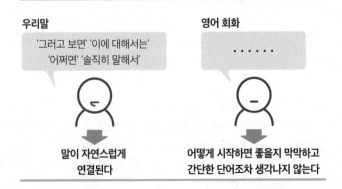

우리말

'그러고 보면' '이에 대해서는'
'어쩌면' '솔직히 말해서'

영어 회화

· · · · · ·

말이 자연스럽게
연결된다

어떻게 시작하면 좋을지 막막하고
간단한 단어조차 생각나지 않는다

Nice to…(It's nice to…)는 Nice to meet you.에만 쓰는 말이 아니기 때문이죠. 'Nice to…'(It's nice to…)는 '~할 수 있어서 좋다, ~은 좋은 일이다'라는 의미인데요. 다양한 상황에서 '기쁨' 혹은 '긍정적인 느낌'을 나타낼 때 쓸 수 있는 편리한 '시작 표현' 입니다.

그럼 이 시작 표현을 활용해 앞의 '혼자 살면 정말 좋아'를 영어로 말해 볼까요? '혼자 살면 정말 좋다'는 말은 '혼자 살아서 기쁘다'라는 뜻이므로 'It's nice to…'에 꼭 맞아요. '혼자 산다'는 말은 'live alone'이라고 하면 충분하고요. 그러면 정답은 It's nice to live alone.이 됩니다.
'It's nice to…' 라는 시작 표현만 알아도 단숨에 표현의 폭이 넓어지네요!

다른 예를 하나 더 살펴볼게요.
대다수의 한국인이 영문법 중 '가정법'을 어려워하죠. 그렇다면 여러분은 '만약 새 컴퓨터를 10대 산다면'을 영어로 어떻게 말하시겠어요?

'<만약>이니까 if를 쓰고… 그다음엔 어떻게 쓰더라?' 하고 순간 당황하는 사람도 많을 거예요. 이때 책에서 소개할 'Let's say…'(p.98 참조)라는 시작 표현을 알면 아주 쓸모 있습니다.
앞서 예를 들었던 '만약 새 컴퓨터를 10대 산다면'을 Let's say we buy 10 new computers.라고 아주 간단히 말할 수 있게 돼요.

이렇게 시작 표현에 대한 지식을 쌓으면 다양한 상황에 대응할 수 있는 실전형 회화 능력을 갖출 수 있습니다.

▎원어민이 사용하는 '회화 패턴'을 알아 두자!

영어 회화를 못하는 사람의 또 다른 문제점은 회화 패턴을 모른다는 점입니다.
사실 원어민이 구사하는 회화에는 일종의 '패턴'이 존재해요. 주고받는 리듬이라고도
할 수 있죠.

예를 들어 p.84에서 소개할 <일부러 '정말 좋아!'라고 말하자>라는 회화 테크닉으로,
원어민은 작은 일에도 한국인보다 과장된 감정 표현으로 대화 분위기를 띄운다는 것
이 있습니다. 다만 영어가 모국어인 국가 사이에서도 문화 차이가 있으므로, 이 책의
'원어민'은 주로 미국인을 가리킵니다.

한편 p.104의 'Sorry, but...'(죄송하지만)처럼 직설적으로 말할 것 같지만 의외로 배려
하는 표현과 돌려 말하기를 선호하는 것도 원어민의 특징이에요.

이 책에서는 원어민의 회화 패턴에 따라 '영어 회화 테크닉'을 50(+10)가지 방법으
로 정리했습니다.

평소에 편하게 쓰는 회화 테크닉도 막상 영어로 말하려면 갑자기 나오지 않는 법이
죠. 그 때문에 우리말 대화에서는 '당연한' 것들도 포함해 영어 회화에 도움이 되는 다
양한 테크닉을 담았습니다.

더불어 각 테크닉과 함께 활용하기 가장 좋은 '시작 표현'도 엄선해 소개하는데요, 여
기서 예문은 모두 회화 형식으로 구성했습니다.
시작 표현을 회화 예문과 함께 외우며 '이렇게 말하면 원어민은 저렇게 대답하겠지',
'이런 말을 들으면 저렇게 답하면 되겠구나'와 같은 패턴을 익히길 바라요.

'여섯 가지 카테고리'를 활용하면 어떠한 대화라도 이어갈 수 있다.

회화 테크닉을 아래의 여섯 가지 카테고리로 나누어 소개합니다.
원어민과 즐겁게 회화하기 위해서는 반드시 아래의 카테고리를 모두 익혀야 해요.

① 대화 시작하기	② 마음을 전하기	③ 한 걸음 더 다가가기
④ 분위기 띄우기	⑤ 부정·반론하기	⑥ 확인하기

이와 같은 여섯 가지가 필요한 이유는, ①~⑥ 카테고리의 표현을 잘 활용하면 대부분의 대화에 써먹을 수 있기 때문입니다.

다음의 예문을 살펴볼까요?
여섯 가지 카테고리의 시작 표현을 사용해 실제 회화 예문을 만들어 보았습니다.

① 대화 시작하기 (p.36)

Let me ask your opinion on this project.

(이 프로젝트에 대해 당신의 의견이 듣고 싶네요.)

② 마음을 전하기 (p.52)

It seems to me that it will increase our sales.

(저에겐 그게 매출 증가로 이어질 것 같아 보여요.)

③ 한 걸음 더 다가가기 (p.62)

<u>You mean</u> you agree with the project leader completely?

(그렇다면 프로젝트 리더를 100% 지지한다는 말인가요?)

④ 분위기 띄우기 (p.88)

Yes, <u>I'm so excited about</u> working with him!

(네, 그와 함께 일할 수 있게 되어 매우 기대돼요!)

⑤ 부정·반론하기 (p.108)

<u>Let's be careful about</u> the plan.

(계획은 신중하게 진행하도록 해요.)

⑥ 확인하기 (p.132)

<u>Okay, so why don't we</u> ask someone else for their opinion?

(알겠어요. 그렇다면 누군가 다른 사람의 의견도 들어 보는 건 어때요?)

실제 회화에서 이렇게 ①~⑥ 카테고리의 표현을 완벽히 차례대로 사용할 일은 별로 없을지도 몰라요. 앞뒤로 순서가 바뀌거나 같은 카테고리의 표현이 반복되어 사용되는 경우도 많죠.

그렇다 해도 이러한 여섯 가지 카테고리의 시작 표현을 알아 두면 대부분의 회화에서 바로 써먹을 수 있을 겁니다.

▍이 책의 사용법
── '주고받는 리듬감'을 익히자!

이 책에서는 한 개의 '시작 표현'에 한 개가 아닌 여섯 개의 회화 예문을 소개합니다.
같은 표현이라도 상황에 따라 미묘하게 뉘앙스가 달라지기도 하기 때문이에요.
처음에는 사용하기 어려워 보이는 문형 등도 있겠지만, 여러 상황 속의 활용 패턴을
익히면 어떤 대화 주제나 맥락에서도 쉽게 표현을 응용할 수 있습니다.

질문 혹은 답변으로 쓰인 영어 문장을 보고, 주요 표현을 빨간 가리개로 가린 채 읽으
면 표현을 확실히 익힐 수 있습니다.

책을 다 읽은 뒤 좀 더 확실히 공부하고 싶다면 아래 QR코드를 통해 원어민 MP3 파일
을 들어 보세요.

이 QR코드를 스캔하면 책의 예문이 담긴 음성 파일을
재생 및 다운로드 할 수 있습니다.
키출판사 '잉글리시버스' 학습자료실에서도 다운로드 할
수 있습니다.
www.englishbus.co.kr

우리말 해석을 읽고 영어 문장을 떠올린 뒤, 영어를 들으며 답을 맞혀 보세요.
주요 표현과 함께 질문과 답변 문장이 전부 담겨있습니다. 반복하여 들으면 이 책에서
소개하는 모든 표현이 머리에 쏙 들어올 거예요.
간단한 표현이지만 확실히 마스터하면 여러 상황에 맞는 회화를 구사할 수 있습니다.
그럼, 바로 시작해 볼까요?

CONTENTS

PART 1
최소한의 어휘력으로 재빨리 영어를 말하는 50가지 방법
간단한 '시작 표현'을 최대한 활용하자

CHAPTER 1
대화 시작하기 언제나 자연스럽게 말을 꺼낼 수 있는 표현

CHAPTER 2

마음을 전하기 감정을 담은 '만능' 맞장구 표현

CHAPTER 3

한 걸음 더 다가가기 속도감 있게 대화를 진행해 '리듬'을 만들자

CHAPTER 4

분위기 띄우기 원어민이 된 것처럼 '분위기'를 띄우자

CHAPTER 5

부정·반론하기 매끄럽게 '의견'을 끼워 넣으며 대화를 이어가자

PART 2
한 단계 더 나아가기
알아 두면 쓸모 있는 효과적인 공부법

PART 1

최소한의 어휘력으로
재빨리 영어를 말하는
50가지 방법

●

간단한 '시작 표현'을 최대한 활용하자

CHAPTER 1

대화 시작하기
언제나 자연스럽게
말을 꺼낼 수 있는 표현

'기뻐요'라고
직설적으로 말하자

이렇게 사용해 봐!

It's so nice to...
~할 수 있어서 정말 기뻐요

원어민과 부드럽게 대화하려면, 조금 과장될 정도로 감정을 풍부히 드러내야 합니다. 감정을 나타내는 표현 중에서도 It's so nice to...를 추천합니다. 아무런 감흥이 없지도, '흥분을 감출 수 없을' 만큼 과장되지도 않은 표현으로 적당히 기분 좋은 감정과 기쁨을 표현할 수 있어요.

흔히 알고 있는 '만나서 반갑습니다'라는 뜻의 'Nice to meet you.'는 It's so nice to meet you!처럼 It's so를 붙여 'nice'의 의미를 강조할 수 있는데요. 진심을 보다 효과적으로 전할 수 있습니다. It's so nice to be young.(젊은 게 좋네요)과 같이, 단순히 '좋다고 생각한다'라는 의미로도 쓸 수 있는 표현입니다.

안녕하세요. 저는 팀 던컨(Tim Duncan)입니다.
Hello. My name is Tim Duncan.

만나서 정말 반갑습니다! 저는 김현지입니다. 현지라고 불러 주세요.
It's so nice to meet you! I'm Kim Hyunji. Please call me Hyunji.

새집은 어떤가요?
How's the new place?

바다 근처에 살아서 좋아요.
It's so nice to live close to the ocean.

전 세계를 돌아다녀서 정말 피곤하겠어요.

You must be really tired from going around the world.

돌아오게 되어 기쁩니다.

<u>**It's so nice to**</u> be back.

휴일은 무엇을 하며 보내는 것을 좋아하세요?

What do you like to do on your days off?

독서요. 한 주 내내 일한 뒤에 집에서 편히 쉬는 게 정말 좋아요.

I like to read. <u>It's so nice to</u> relax at home after a long work week.

갑자기 전화 드려 죄송합니다.

Sorry for calling so suddenly.

연락 주셔서 고마워요! 잘 지내셨나요?

<u>**It's so nice to**</u> hear from you! How have you been?

콘퍼런스를 즐기고 계시나요?

Are you enjoying the conference?

네. 다른 전문가들과 대화를 나눌 수 있어 기뻐요.

Yes. <u>It's so nice to</u> speak with other professionals.

POINT!

영어 회화에서는 **감정**을 분명히 드러내자.

'변화'에 대해 언급하자

What happened to...?

~은 무슨 일인가요?

누군가 관심을 가져주는 데 기분 나빠 할 사람은 없지요. 상대를 관찰하다가 '이건 무슨 일일까?'라고 궁금한 점이 생긴다면, 말을 꺼내세요. 주위의 변화에 대해 대화를 시작해봐도 좋을 거예요. What happened to 뒤에 바뀐 점이나, 마음에 걸리는 부분을 이어서 말하면 됩니다. 적극적으로 소통하려는 자세를 보이는 표현으로, 대화를 시작하기 딱 좋아요. 다리에 깁스를 한 안타까운 모습에 What happened to your leg?(당신 다리에 무슨 일인가요?)와 같이 묻거나, '여자친구와 싸웠다'는 이야기에 What happened to you and your girlfriend?(여자친구와의 사이에 무슨 일인가요?)라고 걱정해 주세요.

좋았던 날씨는 다 어디로 가버렸을까요?
What happened to the nice weather?

그러게요. 어제는 맑았는데, 오늘은 비가 오네요.
I have no idea. It was clear yesterday, but it's raining today.

존(John)에게 무슨 일이 있어? 요즘 사무실에서 그를 못 봤네.
What happened to John? I haven't seen him in the office lately.

다른 부서로 이동했다고 들었어.
I heard he moved to a different section.

제가 주문한 샐러드는 어떻게 됐나요?
What happened to the salad I ordered?

정말 죄송합니다. 곧 가져다 드리겠습니다.
I'm terribly sorry. I'll bring it right away.

당신 팔에 무슨 일인가요?
What happened to your arm?

계단에서 떨어져 손목을 다치고 말았어요.
I fell down the stairs and hurt my wrist.

배고프다고? 점심밥은 어쨌는데?
You're hungry? **What happened to** your lunch?

먹었는데도 아직 배고프네.
I already ate it, but I'm still hungry.

제 책상에 있던 서류가 어디 갔을까요?
What happened to the papers that were on my desk?

서류 정리 선반에 넣어두었어요.
I put them in the filing cabinet.

POINT!

어딘가 **다른 점**이 없는지 찾아보고 화제로 삼자.

'기억하고 있어요'라고 어필하자

You..., right?
당신은 ~, 그렇지요?

대화 중 '당신을 잘 알고 있습니다' 혹은 '잘 기억하고 있어요'라고 말하면 상대와의 거리가 조금은 줄어들겠지요.

예를 들어 전에 상대가 '커피를 좋아한다'고 했던 게 기억난다면, 커피를 곁들인 협상 자리에서 자연스럽게 '커피를 좋아하시지요?'라고 말하는 거죠. 원어민은 이런 부분에 능숙합니다.

영어로 'You like coffee, don't you?'라고 말할 수 있지만, 한국인에게 부정형을 사용한 표현은 약간 어려울 수 있어요.

이때 일반 문장을 간단히 의문문으로 만들어 주는 right을 사용하면 편리합니다. 문장 끝에 right을 붙이고 말끝을 올리기만 하면 돼요.

맥주를 좋아하시죠?
You like beer, right?

꼭 그렇지는 않아요. 와인을 더 좋아한답니다.
Not really. I prefer wine.

병원에 근무하고 계시죠?
You work in a hospital, right?

네, 간호사로 일하고 있습니다.
Yeah, I'm working as a nurse.

(평소에) 축구를 하시죠?
You play soccer, **right?**

사실은 풋살을 해요.
Actually, I play futsal.

이번 주 월요일은 쉬는 날이네요?
You have this Monday off, **right?**

네, 공휴일이에요.
Yeah, it's a national holiday.

맥 사용법을 알고 계시죠?
You know how to use Mac OS, **right?**

네. 윈도우와 리눅스도 사용할 수 있어요.
Yes. I can also use Windows and Linux.

ABC사와 계속 연락하고 있지요?
You keep in contact with ABC Company, **right?**

네, 맞아요. 뭐 물어보실 거라도 있나요?
Yes, I do. Would you like me to ask them something?

POINT!

일반 문장 뒤에 **right?**을 붙이고 말끝을 올리자.

'관심 있는 것'을
화제로 삼자

Are you interested in...?
~에 관심 있나요?

상대가 좋아하거나 관심 갖는 것을 화제로 삼으면 이야기를 자연스럽게 펼쳐가기 쉽습니다. 여기서 Are you interested in...?으로 상대가 흥미를 갖는 것에 대해 곧장 물어보면 대화를 부드럽게 진행하는 데 도움이 돼요.

가령 Are you interested in baseball?(야구에 관심이 있나요?)이라는 질문에 상대가 '네'라고 대답한다면, 'I have two tickets for Giants game in October.'(10월에 있을 자이언츠의 경기 티켓을 두 장 갖고 있어요)과 같이 말을 이어갈 수 있겠죠.

be interested in...은 '~에 관심이 있다'는 의미입니다. 'Do you like...?'(~를 좋아하나요?)처럼 '호불호'를 확실히 묻기보다는 부드럽게 돌려 질문하는 방식이에요.

스포츠에 관심이 있나요?
Are you interested in sports?

네, 일주일에 5일은 축구를 한답니다.
Yes, I play soccer five days a week.

클래식 음악에 관심이 있나요?
Are you interested in classical music?

네! 저 사실은 첼로를 연주해요.
Yes! Actually, I play the cello.

좋은 투자 기회에 관심이 있나요?

<u>**Are you interested in**</u> **a great investment opportunity?**

어떤 기회 말씀인가요?

What kind of opportunity is it?

새로 개봉한 그 영화를 보고 싶니?

<u>**Are you interested in**</u> **watching the new movie?**

물론이지. 평이 엄청 좋다니까.

Of course. It's been getting great reviews.

우리와 함께 해변에 가지 않을래?

<u>**Are you interested in**</u> **going to the beach with us?**

엄청 가고 싶지만 공부해야 돼.

I'd love to, but I have to study.

귀사의 사업을 세계 무대로 확장하는 데 관심이 있으십니까?

<u>**Are you interested in**</u> **expanding your business internationally?**

한국에 탄탄한 고객 기반을 구축한 뒤, 꼭 그러고 싶습니다.

I'd like to, once I've established a solid customer base in Korea.

POINT!

관심이 있다는 것을 알면 대화의 내용을 확장하기 쉬워진다.

'어때요?'라고
화제를 제시하자

이렇게
사용해
봐!

How do you like...?

~은 어때요?

대화 시작 전 '~은 어때요?'라고 부드럽게 묻는 것도 대화를 끌어가는 하나의 방법입니다. '미국은 어때요?'나 '새로운 일은 어때요?'처럼 뭐라도 좋으니 물어보는 거죠.

'~에 대해 어떻게 생각하나요?'와 같이 생각이나 느낌을 묻는 표현으로 곧장 'What do you think of...?'가 떠오를 수도 있습니다. 하지만 좀 더 캐주얼하고 친근하게 묻고 싶을 때는 How do you like을 추천해요. '어떻게 생각하니'가 아닌 '얼마나 좋아하니'의 뉘앙스를 지녔기에, 보다 적극적인 대화를 끌어낼 수 있습니다.

하나 덧붙이자면, 'How do you find...?'도 같은 맥락에서 쓰이는 캐주얼한 표현이에요.

한국에서의 생활은 어때요?

How do you like living in Korea?

정말 좋아요! 모든 게 너무 편리해서 말이죠!

Great! Everything is so convenient here!

새로운 일은 어때요?

How do you like your new job?

근무 시간이 길지만, 수입이 괜찮아요.

The work hours are long, but the pay is good.

저희 회사의 신제품은 어떻습니까?
How do you like our new product?

사용하기 매우 편리합니다.
It's very easy to use.

그 정장은 어때요?
How do you like the suit?

허리가 조금 헐렁한 것 같아요.
I think it's a bit loose in the waist.

새로운 전기차는 어때요?
How do you like your new electric car?

완전 마음에 들어요! 주유비가 꽤 절약돼요.
I love it! I'm saving so much money on gas.

새로운 사무실은 어때요?
How do you like your new office?

정말 좋아요. 전보다 훨씬 넓어요.
It's great. It's much bigger.

POINT!

밝은 태도로 질문해 적극적인 대답을 끌어내자.

'문득 생각난 것'을 말하자

I was wondering, ...?

그러고 보니 / 좀 여쭤보고 싶은데요

small talk(사교적인 자리에서 예의상 나누는 가벼운 대화)을 할 때는 문득 떠오른 것을 화제로 삼아 점차 이야기를 키워갈 수 있습니다. 하지만 뜬금없이 'Are you planning to go to Mexico on your vacation?'(휴가로 멕시코에 갈 거니?)이라고 물어보면 상대가 '갑자기 뭐?'라고 생각할지도 몰라요.

이때 곧장 물어보기 보다는 I was wondering, are you planning to go to Mexico on your vacation?(그러고 보니, 휴가로 멕시코에 갈 거니?)이라고 앞에 I was wondering을 붙여 주면, 부드럽고 자연스럽게 대화할 수 있습니다. 가볍게 대화하는 상황이 아니더라도, 맥락에 어긋날 수 있지만 '좀 물어보고 싶은' 것을 물어보기 위해 편리하게 사용할 수 있습니다.

그러고 보니, 여름에는 어떻게 하실 예정인가요?
I was wondering, what are your plans for summer?

2주간 하와이에 갈 예정이에요.
I'm going to visit Hawaii for two weeks.

실례합니다. 잠시 전화기 좀 빌려도 될까요?
I was wondering, can I borrow your phone for a minute?

네, 여기 쓰세요.
Sure, go ahead.

좀 여쭤보고 싶은 게 있습니다만, 귀사는 어떤 것을 전문으로 하십니까?

I was wondering, what does your company specialize in?

컴퓨터 부품 제조와 판매입니다.

We specialize in the manufacture and sales of computer parts.

그나저나, 이 셔츠 작은 사이즈가 있나요?

I was wondering, do you have this shirt in a smaller size?

잠시만 기다려 주세요. 확인해드리겠습니다.

Just a moment, I'll check.

그러고 보니, 따님은 몇 살인가요?

I was wondering, how old is your daughter?

지난달 막 세 살이 됐어요!

She just turned three last month!

실례합니다, 당신 메모 좀 봐도 될까요?

I was wondering, can I see your notes?

물론이죠. 여기 보세요.

Of course. Here you are.

POINT!

침묵이 꼭 '금'은 아니다. 용기를 내서 입을 열자.

'물어볼게요'라고 분명히 말하자

Let me ask...

~ 좀 물어볼게요

대화 중 '이걸 좀 물어보고 싶은데'라는 생각이 들지만, 흐름상 앞서 소개한 'I was wondering, ...?'(그러고 보니)을 쓰기 애매하다면 Let me ask를 사용해 보세요. 예를 들어 사귀는 사람에게 'If my job transferred me to another city, would you come with me?'(만약 내가 전근 간다면, 같이 갈래?)라고 물을 때, 원어민은 먼저 Let me ask you something.(좀 물어봐도 될까?)이라고 한 뒤 말을 꺼냅니다. '이 제부터 질문할게'라는 뜻으로 상대가 내 말을 들을 준비를 하도록 만드는 거예요.

또한 아래 마지막 예문 두 개처럼 뒤에 제3자의 이름을 붙여 '(누구에게) 물어볼게요' 라고 할 수도 있습니다.

간단한 질문 하나 해도 될까요?
Let me ask you one simple question.

좋아요, 하세요!
Okay, go ahead!

좋아하는 가수를 알려 주겠니?
Let me ask you about your favorite singer.

머라이어 캐리(Mariah Carey)를 정말 좋아해!
I love Mariah Carey!

Let me ask you one simple question.

이 프로젝트에 대해 당신 의견이 듣고 싶네요.

Let me ask your opinion on this project.

그걸 시작하려면 자금이 좀 더 필요할 것 같아요.

I think we need more money to start it.

질문 하나만 더 하게 해 주세요.

Let me ask just one more question.

좋아요, 그렇지만 이번이 마지막이에요.

Okay, but that's the last one.

차 좀 빌려도 될지 엄마에게 물어볼게.

Let me ask my mom if it's alright to borrow the car.

그래도 된다고 말씀하시면 좋을 텐데.

I hope she says yes.

상사에게 확인하고, 다시 연락드리겠습니다.

Let me ask my manager and I'll contact you.

가능한 한 빨리 연락 주세요.

Please let me know as soon as possible.

POINT!

계속해서 **간단한 질문을** 던지자.

08

'혹시'라고 질문하자

Do you happen to know...?
혹시 아시나요?

질문을 통해 대화를 끌어갈 수도 있지만, 상대가 모르는 것을 물어보면 오히려 분위기만 어색해지고 대화가 막힐 수도 있어요. 그 때문에 '모른다고 해도 당연합니다만'이라는 의미를 지닌 Do you happen to know...?를 알아 두면 편리합니다.

가령 'Do you know a good dentist around here?'(이 근처에 좋은 치과 의사를 아시나요?)이라는 질문을 받을 때 좋은 치과 의사를 모르면 왠지 미안해지고 말겠죠. 하지만 Do you happen to know a good dentist here?이라는 질문은 '혹시 알고 있다면 가르쳐 줄래요?'라는 의미를 담고 있기에 상대가 거리낌 없이 대답할 수 있고, 손쉽게 활기찬 대화를 만들어갈 수 있습니다.

혹시 제니(Jenny)가 언제 오는지 아세요?
<u>Do you happen to know</u> when Jenny is coming?

지금 가고 있는데, 조금 늦는다고 했어요.
She said she's on her way, but she'll be a little late.

혹시 이 근처에 괜찮은 레스토랑을 알고 계시나요?
<u>Do you happen to know</u> any good restaurants in this area?

이 길을 조금 따라가면 좋은 이탈리안 레스토랑이 있어요.
There's a nice Italian place just down this street.

혹시 여기서 우체국에 어떻게 가는지 아세요?

<u>**Do you happen to know**</u> how to get to the post office from here?

다음 모퉁이에서 오른쪽으로 돌면 왼쪽에 있어요.

Turn right on the next corner, and you'll see it on your left.

언제쯤 회의가 끝날지 아세요?

<u>**Do you happen to know**</u> when the meeting will end?

2시간 정도는 걸릴 테니, 4시 반 정도일 것 같아요.

It should take about two hours, so around 4:30.

혹시 이 재킷이 누구 건지 아세요?

<u>**Do you happen to know**</u> whose jacket this is?

스테파니(Stephanie) 거야. 그녀가 잊고 갔네.

I think it's Stephanie's. She must have forgotten it.

혹시 유럽에서 저희 제품을 판매할 수 있는 대리점을 아세요?

<u>**Do you happen to know**</u> an agent that could sell our products in Europe?

한 군데 알고 있어요. 연락해 볼게요.

I know one. I'll contact them about it.

> **POINT!**
>
> **몰라도 괜찮아요**라는 느낌으로 부담없이 물어보자.

09

'자신' 없어도 물어보자

By any chance, ...?
만약 괜찮다면 / 혹시나

물어보고 싶거나 부탁하고 싶어도 '혹시 실례가 아닐까', '아마 안 된다고 할 거야'와 같이 불안한 기분이 들면 좀 기죽게 되죠. 하지만 거기서 입을 꾹 닫아 버리면 대화를 시작할 수 없습니다. 그럴 때는 by any chance를 사용해 보세요. '만약 괜찮다면', '혹시나', '어쩌면'과 같은 뉘앙스를 나타낼 수 있습니다.

by any chance는 문장의 앞머리 말고도 Are you, by any chance, Cornell Edwards?(당신, 혹시 코넬 에드워드 씨인가요?)라든지, Do you speak Swahili by any chance?(당신, 혹시 스와힐리어를 구사하기도 하나요?)처럼 문장의 중간이나 끝에 붙기도 합니다.

오전 10시면 괜찮으시겠어요?
Would 10 am be alright for you?

만약 괜찮다면, 만날 약속을 오전 11시로 바꿀 수 있을까요?
<u>By any chance,</u> can we change the meeting time to 11 am?

회의 준비가 됐나요?
Are you ready to have a meeting?

실례가 되지 않는다면, 30분 더 기다려 주실 수 있을까요?
<u>By any chance,</u> do you think you can wait for another 30 minutes?

이번 주에 점심 미팅을 할 수 있을까요?

Would you be able to have a lunch meeting this week?

만약 가능하다면, 다음 주로 미뤄 줄 수 있나요?

<u>By any chance,</u> can we push it to next week?

이번 주는 좀 바쁜가 보네요.

You seem to be pretty busy this week.

혹시 괜찮으시다면, 조금 도와주실 수 있나요?

<u>By any chance,</u> do you mind lending me a hand?

내일 아침 이 건부터 먼저 처리할게요.

I will work on this first thing tomorrow morning.

혹시 가능하다면, 오늘 해 주실 수 있나요?

<u>By any chance,</u> can you get it done today?

당신이 전화했다고 데이비드(David)에게 전할게요.

I will let David know you called.

괜찮으시다면, 오늘 저녁까지는 저에게 전화 달라고 말씀 부탁드려도 될까요?

<u>By any chance,</u> can you have him call me back by this evening?

POINT!

이 한마디만 더하면 여러 가지를 쉽게 물어볼 수 있다.

41

'정말 반가워'라는 말에 변화를 주고 싶을 때

상대와 처음 만나 인사할 때나, 친구나 지인을 만났을 때 꺼내는 첫마디로 보통 'How are you?'를 쓰죠. 하지만 매번 사용하기에는 좀 평범하고 지루할 수 있어요. 친밀감의 정도나 상황에 따라 다양한 표현을 구분해 사용해 보세요.

격식

좋은 아침입니다.

How are you this morning?

→ 아침에는 이렇게 말할 수도 있어요.

- -

요즘 잘 지내시나요?

How are you doing?

→ 'How are you?'와 같이 자주 쓰이는 표현입니다. 대답하는 방법도 똑같이 'Great.'(정말 좋아요), 'Good.'(좋아요), 'Not too bad.'(나쁘진 않아요), 'I'm okay.'(그저 그래요) 등을 사용하면 돼요.

- -

어떻게 지내셨어요?

How have you been?

→ 오랜만에 만난 상대에게 하는 말입니다. '오랜만이에요'는 'Long time no see.'등으로 나타냅니다. 대답에는 'I've been fine.'(잘 지내고 있어요)처럼 'I've been~'을 사용하세요.

- -

요즘 어때요?

How's it going?

→ 'How are you?' 보다 캐주얼한 인사지만, 비즈니스 상황에서도 사용할 수 있는 표현입니다.

- -

잘 지내지?

What's up?

비격식

→ 친구나 동료와 나누는 친근한 인사입니다. 대답할 때는 보통 'Not much.' (여전해)라고 답하지만, 그대로 What's up?이라고 되물어도 돼요.

CHAPTER 2

마음을 전하기
감정을 담은 '만능' 맞장구 표현

10 간단한 '감상'을 끼워 넣자

That sounds...
그것은 ~하네요

상대에게 눈 맞추며 타이밍 좋게 맞장구치는 것은 대화의 필수 요소입니다. 하지만 Uh-huh나 A-ha와 같이 한 가지 패턴만 사용하면 상대가 '정말로 내 이야기에 집중하고 있는 걸까'라고 불안해할 수 있어요. 원어민은 여기에 가볍게 자신의 느낌을 더해 알맞은 속도로 대화를 이어 나갑니다.

이때 사용하는 말은 That sounds...로, 어떤 주제에도 쓸 수 있는 표현이에요. That sounds 뒤에 간단한 단어로 느낌을 이어 주기만 하면 됩니다. '좋네요'라고 답하고 싶다면 That sounds good.을, '무서움'을 나타낼 때에는 That sounds scary., 살짝 흥분한 채 '대단해!'라고 말하고 싶다면 That sounds fantastic!과 같이 쓰면 됩니다. 뒤에 형용사가 아닌 명사를 쓰고 싶을 때는 'like'(~처럼)을 붙이세요.

이번 주말에 집에서 파티를 열 거야.
I'm having a party at my house this weekend.

재밌겠네.
That sounds fun.

너무 피곤해서 하마터면 승강장에서 쓰러질 뻔했어.
I was so tired I almost fainted on the platform.

그거 위험한데.
That sounds dangerous.

그의 휴대폰에 다른 여자에게서 문자가 온 걸 보고 말았어요.

I saw a message from another woman on his cell phone.

그거 좀 수상하네요.

That sounds a little suspicious.

우리 기획서가 좋은 평가를 받았어요.

We got good feedback on our proposal.

그거 기대되는데요.

That sounds promising.

이것 봐! 이 로스엔젤레스행 항공권이 30만 원이래.

Look! This flight ticket to LA is 300,000 won.

그거 너무 좋아서 믿기 어려울 정도인 걸.

That sounds too good to be true.

잠깐 협의를 중단하고, 점심 식사 후에 다시 논의를 시작하도록 하죠.

Let's pause the meeting for now and continue this discussion after lunch.

좋은 생각이에요. (제안에 찬성할 때 흔히 사용되는 말)

That sounds like a plan.

POINT!

That을 생략한 채 **Sounds**...만 써도 같은 의미를 나타낼 수 있다.

45

11 '~같네'를 잘 활용하자

이렇게 사용해 봐!

I feel like...
~처럼 느껴져요

학생들과 대화하다 보면 단정적으로 말하기를 꺼리는 경향이 보입니다. 평소 우리말로 대화할 때에도 '~같다', '생각이 든다'라는 표현을 자주 사용하지 않았나요?

I feel like을 사용하면 단정적으로 말하지 않으려는 한국인의 취향에 꼭 맞는 뉘앙스를 잘 나타낼 수 있습니다. 직역하면 '~처럼 느낀다'이지만 '~같은 기분이다', '~한 기분이 든다'는 의미를 지녀 편하게 쓸 수 있어요.

여기서 사용하는 like은 '좋아하다'가 아니라, '~같은'의 뜻입니다. like을 이런 뜻으로 사용하는 건 원어민에게는 흔한 일이지만, 한국인에게는 조금 어색할 수 있어요. 그래도 I feel like...이라고 묶어서 기억하면 사용하기 정말 좋은 표현이니, 꼭 자주 사용하며 익히세요.

저녁 메뉴는 뭐야?
What's for dinner?

오늘은 피자를 주문하고 싶은 기분인 걸.
<u>**I feel like**</u> **ordering pizza tonight.**

왜 저 남자를 계속 쳐다보니?
Why do you keep staring at that guy?

그 사람을 아는 것 같은 기분이 드는데, 어디서 만났는지 기억이 안 나.
<u>**I feel like**</u> **I know him, but I can't remember where I saw him.**

괜찮아요? 컨디션이 별로 안 좋아 보여요.

Are you okay? You don't look so well.

감기에 걸린 것 같아요.
I feel like I'm coming down with a cold.

승진 축하해요!

Congratulations on your promotion!

고마워요. 제 경력이 슬슬 궤도에 오르기 시작한 것 같아요.
Thanks. I feel like my career is really taking off.

그의 발표가 불만족스럽나 보군요.

You don't look pleased with his presentation.

그의 아이디어가 별로 독창적이지 않은 것 같아요.
I feel like his idea isn't very original.

디즈니랜드에 갔던 게 그리워.

This trip to Disneyland is so nostalgic.

옛날로 돌아간 것 같은 기분이 드네.
I feel like I've gone back in time.
※ go back in time = 시간을 거슬러 가다, 과거로 돌아가다

POINT!

편안하게, 거리낌 없이 기분을 전하자.

12

'(~이기를) 바라요!'로 긍정적으로 답하자

이렇게
사용해
봐!

I sure hope...
~이기를 바라요

원어민과 대화 중 상대가 앞으로의 계획 등을 이야기한다면 꼭 '잘 될 거야'라고 말해 주세요. 일종의 '대화 패턴'이니 깊이 생각할 것 없이 긍정적으로 답하면 됩니다.

어떻게 말하는 게 좋을지 고민된다면, I sure hope을 써 보세요. I hope만으로도 좋지만, sure이라고 한마디 덧붙이는 것만으로도 꽤 강하게 바라는 바를 나타낼 수 있습니다. 반대로 '그렇게 되지 않으면 좋을 텐데'라는 마음을 드러낼 때는 예문의 I sure hope it doesn't rain.처럼 문장에 부정형을 더하면 돼요.

'sure' 대신에, 'do'(I do hope...)나 'really'(I really hope...) 등을 넣어도 강한 감정을 드러낼 수 있습니다.

이 계획은 분명 잘 될 거예요.
This plan will definitely succeed.

그렇다면 좋겠네요.
<u>**I sure hope**</u> **you're right.**

봐! 구름이 검게 변했어.
Look! The clouds have become really dark.

비가 오지 않으면 좋을 텐데.
<u>**I sure hope**</u> **it doesn't rain.**

내일 고객과 만나기로 돼 있어요.

I'm meeting with the client tomorrow.

계약을 따낼 수 있기를 바라요.

<u>**I sure hope**</u> **we can get the contract.**

차량 정체가 심하네!

This traffic is terrible!

그러게! 제 시간에 맞추면 좋겠는데.

I know! <u>**I sure hope**</u> **we make it on time.**

오늘 밤 태풍이 올 거야.

It's going to storm tonight.

콘서트가 취소되지 않으면 좋을 텐데.

<u>**I sure hope**</u> **they don't cancel the concert.**

함께 일할 수 있어 좋았습니다.

It was great doing business with you.

또 한번 꼭 함께 일하고 싶군요.

<u>**I sure hope**</u> **to work with you again.**

POINT!

긍정적인 말을 꼭 주고받자.

13

'~하면 좋겠어요'라고 부탁하자

It would be great if...

~하면 좋겠는데요

가벼운 부탁이지만 영어로 말하면 갑자기 퉁명스러워져 실례가 되는 경우가 있죠. 이 때 쓸 수 있는 It would be great if...는 그저 '~하면 좋겠어'라는 소망을 나타낼 뿐 아니라 '그러니 그렇게 해 주세요'라는 부탁의 뉘앙스도 갖습니다. 때문에 요청이나 권유할 때 쓰는 시작 표현이기도 해요.

if절에서 알 수 있듯, 이 표현은 가정법 문장으로 'will'이 아니라 'would'를 쓴다는 점에 주의하세요. 또한 It would be great if you could translate this.(이것을 번역해 주시면 좋겠습니다만)처럼 if절의 동사도 과거형이 된답니다.

내일 당신 집에서 파티가 있다고 들었어요.
I heard you're having a party tomorrow.

맞아요. 당신도 참석해 주시면 좋겠어요.
That's right. <u>It would be great if</u> you could join us.

이 보고서 언제까지 필요하신가요?
When do you need this report done?

금요일까지 끝내 주시면 좋겠어요.
<u>It would be great if</u> you could finish it by Friday.

이 도시를 구경시켜 주길 원하시나요?

Would you like me to show you around the city?

네. 그렇게 해 주시면 감사하겠습니다.

Sure. <u>It would be great if</u> you could do that.

어떻게든 그 콘서트에 꼭 가고 싶어.

I really want to go to that concert.

나도. 티켓을 구할 수 있다면 좋을 텐데 말이야.

Me too. <u>It would be great if</u> we could get tickets for it.

생각보다 항공권에 돈이 더 들었어요.

The flights cost more than we expected.

좀 더 저렴한 방법이 있다면 좋을 텐데요.

<u>It would be great if</u> there were a cheaper option.

새 아파트를 찾았나요?

Have you found a new apartment?

아직요. 직장 근처로 찾으면 좋겠는데 말이죠.

Not yet. <u>It would be great if</u> I could find a place near work.

POINT!

부탁할 때는 퉁명스럽게 말하지 않도록 조심하자.

14 '~같아요'라고
부드럽게 말하자

It seems to me that...
저에겐 ~처럼 느껴져요

한국인의 눈에는 원어민이 상대를 개의치 않고 시원하게 자기 주장을 하는 것처럼 보일 수도 있지만, 의외로 실제로 의견을 말할 때는 섬세하게 배려하는 표현을 덧붙입니다. It seems to me that이 그 중 하나예요.

'I think...'(나는 ~라고 생각해요)를 쓰면 약간 단정적이고 강요하는 듯한 뉘앙스가 생길 수 있습니다. 예를 들어, 동료 한 명이 과로하는 것 같아 보일 때 I think you're working too much.라고 말한다면, 위에서 내려다보는 듯 거만한 느낌을 줄지도 몰라요. '자네가 과로한다고 생각하네'라고 말이죠. 그러니 'It seems to me that you're working too much.'(과로하는 것 같아 보여요)라고 말해 보세요. '저에게는 그렇게 보입니다'라는 상냥한 느낌을 줄 수 있습니다.

그를 못 믿겠어.
I don't think I can trust him.

나에겐 정직한 사람처럼 느껴지는걸.
It seems to me that he's an honest person.

가방이 너무 무겁네!
These bags are so heavy!

도움이 필요하실 것 같은데요.
It seems to me that you need some help.

어떤 계획이 좋다고 생각하나요?

Which plan sounds good to you?

저에겐 이 계획이 매출의 큰 증가로 이어질 것 같아 보여요.

<u>**It seems to me that**</u> **this plan will greatly increase our sales.**

어제는 밤새 잠을 못 잤어!

I didn't sleep at all last night!

일을 너무 많이 해서 그런 거 아닐까?

<u>**It seems to me that**</u> **you're working too much.**

회의가 길었네요.

That meeting took a long time.

저에겐 이번 프로젝트가 잘 안 될 것 같아 보여요.

<u>**It seems to me that**</u> **the project isn't going very well.**

이 일을 할 마음이 나질 않아.

I don't really want to do this job.

선택의 여지가 없을 것 같은걸.

<u>**It seems to me that**</u> **we have no choice.**

POINT!

부드럽게 표현하면, 하고 싶은 말을 이야기하기 쉬워진다.

겸손하게 '주장'하자

If you ask me, ...
제 생각을 말하자면

한국인에게 겸손은 미덕으로 보일 수 있지만, 원어민에게 이같이 겸손한 모습만 보인다면 '뭔가 석연치 않은 사람이구나'라고 오해할 수 있어요. 그럼 나쁜 인상을 주어 대화가 멈춰 버리고 말겠죠.

대신 'What should we do after dinner?'(저녁 식사 뒤에 무엇을 할까요?)이라고 상대가 물을 때 If you ask me, we should watch a movie.(제 생각을 말해 본다면, 영화를 보고 싶어요)처럼 답한다면 '물어보니까 굳이 말하는데'와 같은 겸손함을 챙기는 동시에 자신의 의견을 전할 수 있습니다.

강제성 없이 의견을 전한다는 점에서 지난 Unit의 'It seems to me that...'과도 연결되지만, 이번 표현의 경우 조금 더 강하게 주장하는 형태입니다.

어제 당신이 톰(Tom)과 말다툼했다고 들었어요.
I heard you had an argument with Tom yesterday.

저에게 물어보신다면, 싸움을 걸어온 건 그쪽이에요.
<u>If you ask me,</u> he's the one who started it.

새로운 선생님에 대해 어떻게 생각해?
What do you think about the new teacher?

내 생각을 말하자면, 정말 좋은 사람인 것 같아.
<u>If you ask me,</u> he seems really nice.

휴가로 어디에 가는 것이 좋을까요?

Where should I go on vacation?

제 의견을 말씀드리자면, 오키나와가 좋다고 생각해요.

<u>If you ask me,</u> you should go to Okinawa.

경영 컨설턴트에게 상담하는 게 좋으려나요.

Maybe we should ask a business consultant.

제 생각에는, 컨설턴트를 고용해도 도움이 안 될 것 같아요.

<u>If you ask me,</u> hiring a consultant wouldn't help.

골프를 쳐 보는 건 어때?

Why don't you try playing golf?

내게 묻는다면, 완전히 시간 낭비라고 생각해.

<u>If you ask me,</u> it's a complete waste of time.

초안을 수정하는 게 좋을까요?

Should we make any changes to the draft?

제 생각에는, 지금 이대로도 좋아요.

<u>If you ask me,</u> it's fine this way.

POINT!

분명하지만 강요하지 않는 느낌으로 의견을 말하자.

16 '간격'을 두어 잠시 이야기를 멈추자

이렇게
사용해
봐!

You know, I think...
저기, 제 생각에는

한국인 입장에서 원어민의 대화 속도가 굉장히 빠르게 느껴질 수 있어요. 익숙하지 않은 영어로 계속 대화하다 보면 집중력이 끊기기도 하고요. 그럴 때는 You know라는 표현을 써서 '간격'을 두는 방법이 효과적입니다. '저기', '있잖아'라는 뉘앙스를 가진 표현으로 대화를 잠시 멈추는 데 쓰입니다. 대화에 잠시 틈을 주기 때문에 말하는 사람의 진지함을 전할 수도 있어요.

예를 들어 친구에게 'I think you should see a doctor.'(의사에게 진찰받는 것이 좋겠어)라고 조언할 때, You know, I think~의 형태로 말하면 '있잖아, 나는 의사에게 진찰을 받는 편이 정말 좋다고 생각해'가 되어 보다 다정한 느낌을 줄 수 있습니다.

이 수업에서 더는 낙제하면 안 돼.
I can't fail this class again.

있잖아, 더 공부하는 편이 좋을 것 같아.
You know, I think you should study harder.

서식을 더 단순하게 만드는 게 좋을 것 같아요.
We should make the format simpler.

과연, 그 점 예리한 지적이시네요.
You know, I think that's a very good point.

56

복사기가 또 고장났어요.

The copy machine is broken again.

저, 정말 새로운 복사기를 사야 할 것 같아요.

<u>**You know, I think**</u> **we should really get a new one.**

톰(Tom)의 생일에 무엇을 줄까?

What should we give Tom for his birthday?

글쎄, 직접 그에게 물어보는 게 좋을 것 같은데.

<u>**You know, I think**</u> **it's better to just ask him about it.**

발레를 그만두려고.

I'm going to quit ballet.

있잖아, 나는 한 번만 더 해 보는 게 좋을 것 같아.

<u>**You know, I think**</u> **you should try it one more time.**

휴지가 있나요?

Do we have any tissues?

아, 화장실에 좀 있을 것 같아요.

<u>**You know, I think**</u> **there's some in the bathroom.**

POINT!

간격을 두는 동안 하고 싶은 말을 정리하자.

17 '인상'을 그대로 말하자

이렇게
사용해
봐!

It's my impression that...
제가 보기에는

생각을 말할 때 매번 'I think'만 쓰면 단조롭게 말이 막혀 버리고 말아요. 이때 편하게 쓸 수 있는 표현이 It's my impression that...입니다. 우리말에서 '생각합니다'의 자리에 '보입니다'를 끼워 넣는 정도라고 볼 수 있어요.

어찌 됐건 '보인다'고 말하므로 'I think'보다 부드러운 의견 전달이 가능해요. 예를 들어 사내 회의에서 'Did they say anything about the colors?'(그들이 색상에 대해 뭐라고 말했습니까?)라고 물었을 때, It's my impression that they want lighter colors.(더 밝은 색을 찾고 있는 것 같았어요)처럼 답하면, '어디까지나 제가 보기에는'이라는 뉘앙스로 의견을 나타낼 수 있습니다.

회의가 오래 걸릴까?
Will the meeting take a long time?

아마 곧 끝날 것 같아.
It's my impression that it will be over quickly.

샘(Sam)이 강연을 잘 할 수 있을까요?
I wonder if Sam will give a good speech.

제가 보기에는 그는 사람들 앞에서 말을 잘 하는 것 같아요.
It's my impression that he's very good at public speaking.

> It's my impression that it will be over quickly.

교수님 세미나에 가는 편이 좋을까요?

Should I go to the professor's seminar?

아마 강제로 가야하는 건 아닐 것 같아요.

<u>**It's my impression that**</u> **you don't have to.**

어떤 보이 그룹을 좋아해? 나는 방탄소년단인데.

Which boy-band do you like? I like BTS.

내 눈에는 다 똑같아 보이던데.

<u>**It's my impression that**</u> **they're all the same.**

왜 그를 싫어하나요?

Why don't you like him?

아무래도 그도 저를 좋아하지 않는 것처럼 느껴지거든요.

<u>**It's my impression that**</u> **he doesn't like me, either.**

팀 리더로 추천하고 싶은 사람이 있나요?

Do you have any suggestions for team leader?

제가 보기에는 존(John)이 잘할 것 같은 느낌이 들어요.

<u>**It's my impression that**</u> **John would handle things well.**

POINT!

'제가 보기에는'이라는 표현을 사용해 부드럽게 의견을 말하자.

'과연'이라는 말에 변화를 주고 싶을 때

'과연', '아, 그렇구나' 등 상대의 말에 납득하는 모습을 보이고 싶을 때는 어떤 표현을 쓰는 게 좋을까요? 몇 개의 변화형을 익혀 두면 더욱 즐겁게 대화할 수 있답니다.

격식

말씀하신 부분을 알겠습니다.

I know what you mean.

→ 상대의 입장에 대한 이입과 공감을 잘 전하는 말입니다. 비슷한 표현으로 'I know how you feel.'(그 마음 이해합니다)이 있어요.

. . . .

확실히 그렇군요.

That makes sense.

→ 상대의 말을 이해하고, 즉석에서 '과연!'이라고 답할 때에 사용합니다. 이 외에도 잠시 생각한 뒤에 사용할 수도 있습니다.

. . . .

흔히 생기는 일이에요.

It happens.

→ 비교적 작은 사건이나 불행한 일에 대해 들었을 때 '그런 일도 있죠', '누구에게나 일어날 수 있는 일이에요'라고 말하는 표현입니다.

. . . .

아, 과연.

Oh, I see.

→ 'I see.'라는 말을 잘 쓰는 사람이 많겠지만, 자주 쓰면 회화가 단조로워지기 쉽습니다. 앞에 'Oh'를 붙이기만 해도 밝고 친근한 인상을 줘요.

. . . .

그렇고 말고요.

You got that right.

→ '정말 그렇군요'라고 상대의 말에 동의할 때 쓰는 표현입니다.

비격식

CHAPTER 3

한 걸음 더 다가가기
속도감 있게 대화를 진행해
'리듬'을 만들자

18

'~라는 말인가요?'라고 되묻자

You mean...?
~라는 말인가요?

원어민의 이야기를 듣다 보면 '이런 말을 하고 있는 것 같은데, 맞나?'라고 애매하게 이해될 때가 있죠. 이때 가만히 듣기만 하면, 제대로 된 반응을 해 주지 못해 대화가 막히고 맙니다.

사실 이런 일은 원어민 사이에서도 마찬가지로 일어나요. 그럴 때 원어민은 You mean...?이라는 표현을 자주 사용한답니다.

원래는 의문문이라 'Do you mean...?'으로 써야 하지만, 일상 회화에서는 보통 You mean...?이라고 말합니다. 원어민은 이 표현을 사용해 상대의 의중을 확인해요. '역시 그런가', '전혀 다른 것을 말하고 있었네'처럼 확인하면서 깊은 의사소통을 만들어 나갑니다.

휴대폰을 몇 대나 갖고 계세요?
How many cell phones do you have?

그렇다면, 보통은 다들 한 대 이상 갖고 있다는 말인가요?
<u>**You mean**</u> **people usually have more than one?**

내 파란 스웨터 못 봤어?
Have you seen my blue sweater?

문 옆에 걸려 있던 것 말이야?
<u>**You mean**</u> **the one hanging by the door?**

백화점에 새로 생긴 그 레스토랑에 가본 적이 있니?

Have you been to that new restaurant at the department store?

이탈리안 레스토랑 말하는 거지? 정말 괜찮은 가게야.

<u>**You mean**</u> **the Italian one? It's great.**

이 노래, 누가 부르는 거지?

Who sings this song?

이 밴드를 모른다고?!

<u>**You mean**</u> **you've never heard of this band?!**

존슨(Johnson) 씨가 어디에 있는지 아시나요?

Do you know where I could find Mr. Johnson?

샘(Sam) 말이죠? 잠시 기다려 주세요. 불러 드릴게요.

<u>**You mean**</u> **Sam? Hold on, I'll get him for you.**

공급자에게 연락해 새 제품을 주문해 주시겠어요?

Would you contact the supplier and order a new product from them?

ABC사 말씀이시죠?

<u>**You mean**</u> **from ABC, right?**

POINT!

애매한 상대방의 말을 **자신의 말**로 바꿔서 말해 보자.

19

'어떤 종류인가요?'라고 되묻자

What kind of...?
어떤 종류의 ~인가요?

대화는 서로 주고받지 않으면 확장되지 않아요. 상대에게 무언가 질문을 해서 대답을 들으면, 그 대답에 대해 곧바로 또 다른 무언가를 되물으세요. 이렇게 캐치볼을 하듯 말을 계속 주고받으며 대화를 점점 펼쳐 나갈 수 있습니다. What kind of...?는 이런 '되받아치기'에 유용한 표현이에요.

예를 들어 누군가 'I love drinking wine.'(와인 마시는 것을 좋아해요)이라고 한다면, 'I see.'(그렇군요)라고 대화를 끝내지 말고 What kind of wine do you like?(어떤 와인을 좋아하나요?)처럼 질문하세요. 레드 와인을 좋아하는지, 혹은 화이트 와인을 좋아하는지와 같이 부담 없이 대화를 넓히는 계기가 될 수 있습니다. of 뒤에 복수형 단어가 올 경우에는 kind 또한 복수형인 kinds로 만드세요.

어젯밤에 파이를 만들었어.
I made a pie last night.

어떤 파이를 만들었니?
<u>What kind of</u> pie did you make?

다이어트 중이에요.
I'm trying to lose weight.

어떤 운동을 하고 있나요?
<u>What kind of</u> exercise are you doing?

What kind of pie
did you make?

자유 시간에는 종종 음악을 들어요.
I often listen to music in my free time.

어떤 음악을 들으시나요?
What kind of music do you listen to?

저는 책을 많이 읽어요.
I read a lot of books.

어떤 장르의 책을 읽으시나요?
What kinds of books do you read?

여행 계획은 세웠니?
Have you finished planning the trip?

아직. 어떤 장소에 가는 게 좋을 것 같아?
Not yet. **What kinds of** places should we visit?

국제 영업부에서 일하고 있습니다.
I'm a member of the international sales division.

어떤 제품을 취급하시나요?
What kinds of products do you handle?

POINT!

어떤 대화든 그저 **I see.**로 끝맺지 말자.

20

'어떻게 다른가'로 파고들자

What's the difference between...?
~의 차이는 무엇인가요?

잘 모르는 것을 주제로 대화할 때, 이야기에 제대로 응하기 어렵죠. 그럴 때 꼭 사용했으면 하는 방법이 바로 What's the difference between...?(~의 차이는 무엇인가요?)이라고 질문하는 것입니다.

화제가 되는 키워드를 파악하고, 내가 알고 있는 것과 비교해 '어떻게 다르나요?'라고 물어보는 것이죠.

듣는 사람은 상대가 자신의 이야기를 매우 흥미롭게 듣고 있다는 느낌을 받을 수 있고, 질문한 사람은 이해가 덜 되는 키워드를 정확히 알 수 있습니다. 설명을 듣고 또다시 다른 질문이 떠오를 수도 있을 거예요. 이렇게 별 것 아닌 질문을 거듭하며 한층 생생한 의사소통을 만들어 갈 수 있습니다.

풋볼(football)과 축구(soccer)의 차이는 무엇인가요?
What's the difference between football and soccer?

사실 이 둘은 같은 운동이에요.
Actually, they are the same sport.

실례합니다. 이 두 시계의 차이가 무엇인가요?
Excuse me, what's the difference between these two watches?

이쪽은 방수 제품이라 더 비싸요.
This one is waterproof and costs more.

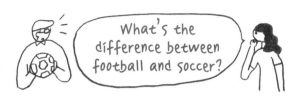

본사와 지사의 차이가 무엇인가요?
What's the difference between your headquarters and branch offices?

지사에서는 영업만 하고 있습니다.
Our branch offices only deal with sales.

이 두 가방의 차이는 무엇인가요?
What's the difference between these two bags?

이쪽은 세일 상품이라 5만 원 더 저렴해요.
This one is on sale, so it's 50,000 won cheaper.

크림과 우유의 차이는 무엇인가요?
What's the difference between cream and milk?

크림에는 지방이 더 많이 들어 있어요.
Cream has a higher fat content.

'semiannual'과 'biannual'의 차이는 무엇인가요?
What's the difference between "semiannual" and "biannual"?

둘 다 '1년에 2회'라는 의미입니다.
They both mean "occurring twice a year".

POINT!

별것 아닌 질문을 쌓아 가자.

'사실을 말하자면'을 잘 활용하자

The thing is, ...
사실을 말하자면 / 문제가 뭐냐면

thing은 '물건', '일(것)'등을 뜻하지만, The thing is, ...라고 하면 '사실을 말하자면...', '문제가 뭐냐면...'과 같은 의미의 표현이 됩니다. 진지한 분위기를 띠어 이야기에 무게를 더할 수 있어요.

또한 조금 껄끄러운 이야기를 꺼내야 하는 상황에서도 이 표현을 사용하면 부드럽게 말할 수 있습니다. 예를 들어, 'Let's go get sushi.'(초밥 먹으러 가자)와 같은 권유를 받았는데 '사실 생선을 좋아하지 않아'라고 말하고 싶다면 'I don't really like fish.'(생선을 그다지 좋아하지 않아)보다 The thing is, I don't really like fish.(사실을 말하자면, 생선을 그다지 좋아하지 않아서 말야)와 같은 방법으로 부드럽게 거절할 수 있어요.

다음주 주주 총회에 참석하지 않나요?
Aren't you attending the company meeting next week?

사실은, 그날 출장이 있어서요.
<u>**The thing is,**</u> **I'll be on a business trip then.**

오늘 집에 안 들어가?
Why don't you go home for today?

사실은 말이야, 이 보고서를 오늘 밤 중에 끝내야만 해.
<u>**The thing is,**</u> **I have to finish this report tonight.**

겨울 휴가 때 여행 가시나요?

Are you traveling anywhere for the winter holidays?

가고 싶은 마음이 굴뚝 같지만, 실은 지금 돈이 없어요.

I want to, but <u>the thing is,</u> I don't have money right now.

나는 노래를 잘 못해서 노래방에 절대 안 가.

I'm a terrible singer, so I never go to karaoke.

사실 노래를 잘하거나 못하는지는 아무도 신경 안 쓴다고

<u>The thing is,</u> nobody cares if you're good or not.

디즈니랜드에 가자!

Let's go to Disneyland!

사실을 말하자면, 사람이 붐비는 곳을 별로 안 좋아해.

<u>The thing is,</u> I don't really like the crowds.

어떻게 하면 좋을지 모르겠어요.

I don't know what to do.

중요한 건 빠르게 결단을 내려야 한다는 거예요.

<u>The thing is,</u> you should make a decision quickly.

POINT!

간단하게 **요점**을 전하자.

22

'(~하는 편이) 좋을까요' 라고 제안하자

Maybe we should...

(~하는 편이) 좋을까요

제안이나 조언을 할 때, '~해야 한다'라는 말은 우리말에서도 다소 엄격한 느낌이지요. 그래서 좀 더 부드럽게 말하려고 '~하는 편이 좋지 않을까요'와 같은 표현을 더 자주 사용하지 않나요?

Maybe we should...는 '(우리는) ~하는 편이 좋을까요'라고 부드럽게 제안할 때 쓰는 시작 표현입니다. 주어를 바꿔 Maybe you should...라고 하면 상대의 언행 등에 대해 조언하는 말이 되죠.

알다시피 조동사 'should'는 '~해야 한다'는 의미지만, 이 표현에서는 문장 앞의 'maybe'가 말투를 부드럽게 하여 온화한 뉘앙스를 만들어 줍니다.

그 영화를 개봉 첫날에 보고싶어.

I want to watch that movie on opening day.

영화표를 예매하는 게 나을지도 몰라.

Maybe we should reserve tickets for it.

오늘 밤 저녁을 차릴 시간이 없네.

I don't have any time to cook dinner tonight.

그렇다면 대신 포장된 음식을 살까?

Maybe we should get take-out instead.

이 계약 내용이 조금 이상한 것 같지 않아?

This contract looks a little bit strange, don't you think?

변호사에게 보여주는 편이 좋지 않을까요?

Maybe we should have a lawyer take a look at it.

도시에서 주차장을 찾는 건 어려워요.

It's hard to find a parking place in the city.

전철로 가는 게 좋지 않을까요?

Maybe you should go by train.

레스토랑에 가는 길을 모르겠어요.

I don't know how to get to the restaurant.

지도를 보는 게 좋지 않을까요?

Maybe you should look at a map.

분명 이 파일이 틀림없을 거야.

I'm pretty sure this is the right file.

이중으로 확인하는 게 좋지 않을까?

Maybe you should double-check.

POINT!

부드럽게 제안하면, 상대도 쉽게 받아들일 수 있다.

23

'즉흥적'으로 제안하자

이렇게
사용해
봐!

I guess we could...
~하는 게 좋을지도 몰라요

small talk을 할 때는 즉석에서 하는 말이라도 좋으니 상대에게 계속 말을 걸면서 대화를 펼쳐 가세요. '~하는 편이 좋을지도 몰라요'라고 말할 생각이 없더라도 말이죠.

추측할 때 자주 쓰는 I guess에 '~할 수 있어요', '~하면 어떨까요'라는 뉘앙스로 제안·조언에 사용되는 could를 붙여 I guess we could...라고 말하면, '~하는 게 좋을지도 몰라요'라는 뜻의 매우 조심스러운 제안이 가능합니다.

이전 Unit의 'Maybe we should...'(~하는 편이 좋을까요)와 비슷하지만, 이 표현을 쓰면 좀 더 상대가 거절하기 쉬운 제안이 돼요. '꼭 이렇게 해야 할 이유는 없지만, 이런 방법도 있다'는 정도의 느낌을 전할 때 가장 알맞은 표현입니다.

새 바지를 사고 싶어.

I want to buy a new pair of pants.

이번 주말에 쇼핑하러 가도 좋을 것 같아.

I guess we could go shopping this weekend.

아무도 전화를 안 받네.

Nobody is answering the phone.

이따 다시 거는 게 좋을지도 몰라.

I guess we could call again later.

우리 12시간 동안 쉬지도 않고 일하고 있어요.

We've been working non-stop for 12 hours.

오늘은 이쯤 해 둘까요?

I guess we could stop here for today.

저 가게에 들를 시간이 있을까?

Do we have time to go into that shop?

잠깐 가 봐도 괜찮을지도 몰라.

I guess we could take a quick look.

마이크(Mike)가 어디에 있는지 아시나요?

Do you know where Mike is?

그에게 전화해서 물어볼까요?

I guess we could call him and ask.

마감까지 못 끝낼 것 같네.

It doesn't look like we'll finish by the deadline.

연기해 달라고 부탁해 볼 수 있을 것 같아.

I guess we could ask for an extension.

※ extension = 연기

POINT!

즉흥적인 말이라도 괜찮으니 자꾸 제안하자!

24

'그것에 대해서는'이라고 말을 이어가자

이렇게
사용해
봐!

As for...

~에 대해서는

상대의 이야기에 '그것에 대해서는...'이라고 말을 이어가면 대화를 펼쳐 가기 쉽죠. 하지만 막상 영어로 '어떻게 말해야 하지?'라는 생각이 들지 않나요?

이럴 때 사용하기 쉬운 표현인 As for...는 '~에 대해서는', '~에 대해 말하자면'의 뉘앙스를 지닙니다. 뒤에 '사람'을 붙여도 좋고, '사물'이나 '추상적인 개념'을 붙여 써도 괜찮아요. 자주 쓰이는 패턴 중 하나로 As for me, ...(나에게 있어 말하자면)가 있는데, 화제에 대한 자신의 입장을 말할 수 있는 표현입니다. As for the design, ...(그 디자인에 대해 말하자면)이나 As for the project, ...(그 프로젝트에 대해서는)와 같이 사용할 수도 있어요.

어제 큰 문제가 발생했다고 들었어요.
I heard that there was a big problem yesterday.

그 문제라면, 원상 복구하기 위해 할 수 있는 일은 다 했어요.
As for the problem, we did everything to fix it.

제가 제일 좋아하는 아이스크림 맛은 딸기와 민트 초콜릿이에요.
My favorite ice cream flavors are strawberry and mint chocolate.

저에게 민트 초콜릿은 치약 맛이 나요.
As for me, mint chocolate tastes like toothpaste.

As for the problem, we did everything to fix it.

귀사의 구내식당에서는 다들 무엇을 드시나요?

What do people eat at your company cafeteria?

빠르게 해결할 수 있는 점심으로 카레라이스가 단연 인기예요.

<u>As for</u> a quick lunch, curry rice is really popular.

새로운 부장님이 누구인지 언제 알게 될까요?

When will we find out who the new manager is?

새로운 부장님에 대해서라면 내일 제가 성함을 발표할 겁니다.

<u>As for</u> the new manager, I'll announce the name tomorrow.

이 모든 조건에 동의하십니까?

Do you agree with all of these terms?

이 프로젝트의 예산에 대해서는 저희 모두 만족합니다.

<u>As for</u> the budget for this project, we're all satisfied.

평소 어떤 상품이 잘 팔리나요?

Which items usually sell well?

가을, 겨울에는 어두운 색 물건이 가장 잘 팔립니다.

<u>As for</u> fall and winter, darker colors sell the best.

POINT!

대화 주제가 이어지면 상대도 좋아한다.

25

'그러고 보니'로 대화의 폭을 넓히자

이렇게 사용해 봐!

That reminds me, ...

그러고 보니

대화 중 누군가의 말을 계기로 '아, 그 덕에 생각났어!'라고 말하게 되는 경우가 있지요. '그러고 보니', '그걸 듣고 생각났는데'와 같은 말을 통해 대화를 한층 넓힐 수 있습니다. 이처럼 별것 아닌 일을 화제로 삼으며 small talk이 확장되지만, 막상 영어로 말하기는 쉽지 않아요.

그럴 때 유용한 표현을 소개합니다. 사용법은 간단해요. That reminds me의 뒤에 문장을 연결하기만 하면 됩니다. 문장 대신 명사나 명사구(2개 이상의 단어가 모여 명사의 역할을 하는 것)를 붙일 때에는 That reminds me of my childhood.(그걸 들으니 제 어린 시절이 떠오르네요)와 같이 중간에 of를 끼워 넣으세요.

ABC사의 연락처를 아시나요?

Do you have ABC's contact information?

여기 있어요. 그러고 보니, 이따 ABC사에 전화해야 하네요.

Here it is. <u>That reminds me,</u> I have to call them later.

휴가 때 고향에 내려가시나요?

Are you going home for the holidays?

그러고 보니, 휴가를 신청해야겠네요.

<u>That reminds me,</u> I need to request vacation time.

> That reminds me, I have to call them later.

콘퍼런스에 가기 위해 항공권을 예약할 생각이에요.

I'm going to reserve a flight ticket for the conference.

그러고 보니, 저도 그래야 해요.

<u>**That reminds me,**</u> **I need to do that too.**

슈퍼에 다녀올게. 뭐 필요한 거라도 있어?

I'm going to the supermarket. Do you need anything?

그러고 보니, 우유가 다 떨어졌네.

<u>**That reminds me,**</u> **we don't have any milk.**

주말에 계획해 둔 일이 있나요?

Do you have any plans for the weekend?

지금 생각 났어요. 일요일에 친구와 점심을 먹을 예정이에요.

<u>**That reminds me,**</u> **I'm having lunch with friends on Sunday.**

저녁에 무엇을 드실 건가요?

What are you having for dinner?

그러고 보니, 오늘 밤 저녁 식사 계획이 있는 게 떠올랐어요.

<u>**That reminds me,**</u> **I have dinner plans tonight.**

POINT!

'그 덕에 생각났어!'라는 뉘앙스로 쓸 수 있다.

26 'maybe'를 연발하지 말자

> **이렇게 사용해 봐!**
>
> **I would say...**
> 저는 ~일 것으로 생각해요

한국인은 단정적인 말투를 꺼리는 경향이 있어서, 원어민 입장에서 보면 'maybe'를 지나치게 많이 쓴다는 느낌이 듭니다.

원어민도 'maybe'를 사용하긴 하지만, 이것만 반복하여 사용하지는 않아요. 같은 단어를 연달아 쓰면 상대에게 미숙한 인상을 주는 것은 물론이고, 말하는 본인도 단조로운 것이 싫어 어떻게든 말을 바꾸려고 어버버하는 학생들을 자주 봤습니다.

그럴 때는 꼭 I would say...를 사용해 보세요. '저는 ~일 것으로 생각해요'라는 뜻을 지닌 시작 표현입니다. 'I think...'와도 닮았지만 '이렇게 생각해요'라고 말하기보다는 '개인적으로 이렇게 생각되는데'와 같은 추측의 뉘앙스를 가지고 있어요.

빌(Bill)이 없는 것 같네요.
Bill doesn't seem to be here.

그가 오지 않을 것 같아요.
<u>I would say</u> he isn't coming.

몇 시에 가는 게 좋을까요?
What time should we go?

4시까지는 도착해 있는 게 좋을 것 같아요.
<u>I would say</u> we should get there by 4:00.

여기 자전거를 세워 놓아도 괜찮을까요?

Is it alright to park my bike here?

곧 돌아온다면 괜찮을 것 같아요.

I would say it's fine if you come back quickly.

회의는 얼마나 걸릴 것 같습니까?

How long do you think the meeting will take?

한 시간 정도이지 않을까요?

I would say only about an hour.

이 메일을 누구에게 보내야 할까요?

To whom should I send this email?

회의에 참석한 전원에게 참조(CC=Carbon Copy)로 보내는 게 좋지 않을까요?

I would say you should cc everybody who came to the meeting.

그들이 우리 제안을 들어줄까요?

Do you think they'll accept our proposal?

충분히 가능성이 있지 않을까요?

I would say our chances are good.

POINT!

maybe를 반복해 왔다면 대신 **이걸** 써보자!

27 '진심'을 드러내자

To be honest, ...
솔직히 말하자면

세계 공통으로 누구나 솔직히 털어놓는 이야기를 좋아하죠. 본심을 숨긴 채 대화해야 하는 비즈니스 상황에서도 문득 '솔직히 말해…'라고 진심 어린 느낌을 전하면 대화의 분위기를 한층 고조시킬 수 있습니다. 이와 같이 '진심'을 드러낼 때 To be honest, ...를 사용하면 편리해요.

뒤에 with you를 붙여 To be honest with you, ...라고 할 수도 있습니다. '당신에게만'이라는 느낌을 더해 더욱 친근한 대화를 만들게 되죠.

비슷한 의미를 지닌 'To tell you the truth, …'(사실을 말하자면)나 'Frankly speaking, …'(솔직히 말하자면)도 있습니다. 원어민이 자주 사용하는 말이에요. 기억해 두면 같은 이야기를 여러 번 반복하고 싶을 때 변화를 줄 수 있습니다.

내일 발표 준비가 되셨나요?
Are you ready for your presentation tomorrow?

솔직히 말하자면, 정말 불안해요.
<u>**To be honest,**</u> **I'm really nervous.**

승진 축하드려요!
Congratulations on your promotion!

솔직한 기분으로는, 저에게는 아직 이르지 않나 하는 느낌이에요.
<u>**To be honest,**</u> **I'm not sure if I'm ready for this.**

현재로서 이것이 최선의 선택이라고 생각합니다.

I believe this is the best choice for us right now.

솔직히 말하자면, 저는 반대해요.

To be honest, I disagree with that.

계약 내용에 몇 가지 변동이 있었다고 들었어요.

I heard there were some changes made to the agreement.

솔직히 말씀드리자면, 당신이 그다지 좋아하지 않을 것 같아요.

To be honest, I don't think you'll be very happy.

그렇다면, 이걸로 거래가 성립된 거죠?

So, do we have a deal?

솔직히 말하자면, 아직 결정을 못하겠어요.

To be honest, I can't make a decision yet.

※ have a deal = 합의하다, 결정짓다

마이크(Mike), 이것에 대해 어떻게 생각하나요?

What are your thoughts on this, Mike?

솔직히 말씀드리자면, 초점에 어긋난 것 같아요.

To be honest, I think we are missing the point.

POINT!

솔직한 의견으로 친밀한 분위기를 만들자.

'정말인가요?'라는 말에 변화를 주고 싶을 때

'그거 정말이야?', '믿기질 않아!', '거짓말이지?'와 같은 기분을 영어로 잘 표현하고, 적절히 반응할 수 있다면 자연스러운 대화의 흐름을 만들 수 있습니다. 여러분도 '영어 리액션의 달인'을 목표로 연습해 보세요!

격식

그래요?

Is that so?

→ 'Really?'와 거의 같은 느낌으로 쓸 수 있으며, 상대의 말에 대해 '그런가요?'라고 의문을 던질 때에도 사용할 수 있습니다.

・・・

놀라서 말이 안 나오네요!

I'm speechless!

→ '충격을 받은 나머지 말이 나오지 않음'을 나타내는 말입니다. 소식이나 보고를 듣고 어떻게 반응해야 할 지 곤란할 때, 일단 대화를 이어 나가기 위해 꺼내는 한마디로 사용할 수도 있어요.

・・・

헉!

Oh, no!

→ 나쁜 소식을 들었을 때의 당혹감을 나타내거나, 말투에 따라서는 상대에 대한 안타까움을 나타낼 수도 있습니다.

・・・

진심이야?

Seriously?

→ 'Really?'나 'Are you serious?'와 매우 비슷한 뉘앙스입니다. 이런 말을 듣고 '진심입니다', '틀림없어요'라고 대답할 때는 'I'm positive.'나 'I'm serious.'를 사용할 수 있어요.

・・・

정말로?

For real?

→ 'Really?'나 'Are you sure?'보다 더 거침없는 말투입니다. 좋은 제안에 대해 '정말 좋습니까!?'라는 뉘앙스로도 사용할 수 있습니다.

비격식

CHAPTER 4

분위기 띄우기
원어민이 된 것처럼
'분위기'를 띄우자

내 것으로 만들 표현

아무튼 ~가 정말 좋아요

~라니 믿기지 않아요

~이 매우 기대돼요

~하는 것이 기대돼 어쩔 줄 모르겠어요

분명 깜짝 놀랄 거예요

~할 수 있으면 좋겠어요 / ~하는 것이 기대돼요

분명 ~라고 생각해요

예를 들면 / 가령 ~라고 한다면

~라고 한다면?

일부러 '정말 좋아!'라고 말하자

I just love...
아무튼 ~가 정말 좋아요

'원어민은 감정 표현이 풍부하다'고 느낀 적이 있나요? 영어는 강세나 억양의 변화를 사용해 감정을 매우 잘 드러낼 수 있는 언어랍니다.

I just love...는 '정말 좋아!'라는 감정을 나타내는 표현입니다. 'I love...'만으로도 충분하지만, 일부러 과장해서 분위기를 띄우는 것이 원어민의 의사소통 방식이죠.

강조어인 just를 더해서 감정을 강하게 표현해 보세요. 발음할 때는 '러-브'라고 길게 늘려 말하면 더욱 효과적입니다.

다른 사람에게 선물을 받았을 때 등이 이 표현을 사용하기 최적의 상황입니다. I just love를 사용해 흥분을 전해 보세요, 상대도 분명 기뻐할 겁니다.

네가 좋아하는 초콜릿을 사왔어.
I got you your favorite chocolate.

고마워! 이 브랜드 정말 좋아하거든!
Thanks! I just love this brand!

하이킹이라든지 캠핑을 좋아하는군요.
I see that you like hiking and camping.

네, 야외 활동을 정말 좋아해요.
Yes, I just love the outdoors.

Thanks! I just love this brand!

우와, 쿠키를 이렇게 많이 주지 않아도 돼.

Oh, you don't have to give me so many cookies.

신경 쓰지 않아도 돼. 쿠키 만드는 걸 정말 좋아해서 말이야.

It's no problem. <u>I just love</u> making cookies.

네가 좋아하는 아티스트가 새로운 앨범을 냈어.

Your favorite artist released a new album.

우와, 신난다! 그의 음악을 정말 좋아해.

Oh, wow! <u>I just love</u> his music.

다이어트를 하는 게 어때?

Why don't you go on a diet?

먹는 게 너무 좋은걸.

<u>I just love</u> eating.

당신 정말 열심히 일하는군요!

You work so hard!

그 정도는 아니에요. 그저 제 일을 정말 좋아할 뿐이에요.

Not really. <u>I just love</u> my job.

POINT!

원어민이 된 심정으로 **과장해서** 말해 보자.

일부러 '깜짝' 놀라자

I can't believe...
~라니 믿기지 않아요

원어민은 별 것 아닌 일에도 상당히 놀라는 듯 반응합니다. 학생들 중에도 'Really?'나 'Wow!'를 자주 사용하는 사람이 많죠. 하지만 이런 반응이 대화로 연결되지는 않아요. 원어민은 대부분은 리액션 뒤에 대화가 이어진다고 생각하기 때문에, 이 같은 리액션 한마디로 대화가 끝나 버리면 어색하다고 느낍니다. 이때 꼭 사용해 주셨으면 하는 표현이 I can't believe...(~라니 믿기지 않아요)예요.

'Wow!'와 같은 '한마디 리액션' 뒤에 이 표현을 사용해 '~라니 믿을 수 없어'라고 무엇에 놀랐는지 전하세요. 감정이 확실히 전달되기 때문에 상대도 적절한 반응으로 대화를 이어갈 수 있답니다.

메리(Mary)가 너랑 더 이상 만나고 싶지 않다고 했어.
Mary said she doesn't want to see you anymore.

헉! 그녀가 그런 말을 했다니 믿기지 않아!
Wow! I can't believe she said that!

신상품의 시제품이 도착했어요.
We got a prototype of the new product.

우와! 품질이 엄청나네요!
Wow! I can't believe how great the quality is!

Wow!
I can't believe
She said that!

ABC사가 우리와 거래를 끊고 싶다고 합니다.

ABC said that they want to stop doing business with us.

뭐라고요?! (거래를) 끊고 싶어 한다니 믿기지 않아요.

What?! <u>I can't believe</u> they would want to do that.

이 쿠키 맛있네!

These cookies are delicious!

그치? 이게 무지방이라니 믿기지 않아.

I know! <u>I can't believe</u> they're fat-free.

새해 복 많이 받아!

Happy New Year!

1년이 벌써 끝나 버렸다니 믿기지 않네.

<u>I can't believe</u> another year has already gone by.

샐리(Sally)의 아들을 봤니? 걔가 올해 15살이 됐어.

Did you see Sally's son? He turned 15 this year.

깜짝 놀랄 정도로 키가 컸지 뭐야!

<u>I can't believe</u> how tall he's gotten!

POINT!

한마디 리액션 + 놀랐던 점 언급은 신나는 대화를 만드는 환상의 짝꿍!

과장되게 '기대'하자

이렇게
사용해
봐!

I'm so excited about...
~이 매우 기대돼요

이번에는 '기대'와 '흥분'을 나타내는 감정 표현입니다. 평소에 한국인이 직접 '흥분된다'고 말하는 상황은 많지 않을지도 몰라요.

하지만 원어민은 일상에서 '두근두근하다', '기대된다'라는 의미의 I'm so excited about...을 정말 자주 사용합니다.

so로 기분을 강조해서 기대감을 한층 더 드러낼 수 있어요. exicted 뒤에 <about -ing>가 와서 무엇에 두근거리는지를 나타냅니다.

이 표현은 말하는 사람의 '기대'나 '흥분'을 전해 듣는 사람마저 즐거워지는 것 같아요. 영어로 말할 때는 반드시 원어민처럼 '들썩들썩, 두근두근'한 기대감을 드러내세요!

오늘이 첫날이죠? 화이팅!
Is today your first day? Good luck.

고마워요! 여기서 일하는 게 설레요.
Thanks! I'm so excited about working here.

야구 시즌이 곧 시작하겠구나.
Baseball season is starting soon.

좋아하는 팀을 응원하는 게 기대돼!
I'm so excited about cheering for my favorite team!

Thanks! I'm so excited about working here.

우리 회사 오리엔테이션이 내일이죠?

Our company's orientation is tomorrow, right?

네, 맞아요. 신입 사원을 만날 게 기대되네요.

Yes, it is. <u>I'm so excited about</u> meeting the new employees.

그 TV 프로그램 마지막 회가 오늘 밤 방송돼.

The last episode of that TV show airs tonight.

결말을 보는 것이 기다려지네!

<u>I'm so excited about</u> seeing the conclusion!

여행가서 뭘 하고 싶어?

What do you want to do on your trip?

여러 가지 음식을 먹어볼 것이 기대돼!

<u>I'm so excited about</u> trying different types of food!

프랑스 여행 즐겁게 다녀와요.

Enjoy your trip to France.

고마워요! 곳곳을 둘러볼 게 기대되네요!

Thanks! <u>I'm so excited about</u> visiting all of the places there!

POINT!

크게 **흥분한 표정**과 **제스처**를 곁들이면 완벽하다!

31 '못 기다리겠어요!'라고 분위기를 띄우자

이렇게 사용해 봐!

I can't wait to...

~하는 것이 기대돼 어쩔 줄 모르겠어요

'들썩들썩, 두근두근'한 기분을 나타내는 표현을 한 개 더 소개하겠습니다. 조금이라도 설렌다면 그 기분을 자꾸 전하는 것이 원어민과 잘 대화하는 요령이에요. 이러한 요령은 대화에서 긍정적인 소통을 이끌어 냅니다.

한국인끼리는 아무리 보고 싶어도 처음 만나는 상대에게 메일을 보낼 때 '(지금 당장) 만날 것이 기대돼 어쩔 줄 모르겠어요!'라고 쓰지는 않겠죠. 반면에 영어에서는 '만날 것이 정말 기대됩니다'라는 의미의 I can't wait to see you!를 사용합니다. 호들갑 떨지 않으면서도 기대하는 마음을 솔직히 전할 수 있어요.

새 차를 샀니?

Did you buy a new car?

응, 드라이브 가는 게 정말 기대돼.

Yes, I can't wait to go for a drive.

해외 사무실로 전근 가신다고 들었어요.

I heard you'll be transferred to the overseas office.

거기서 새로운 일을 할 게 무척 기대됩니다.

I can't wait to start my new position there.

내가 탄 비행기가 막 착륙하는 참이야.

My plane just landed.

빨리 보고 싶어!

I can't wait to see you!

샘(Sam)이 어제 러시아에서 돌아왔어.

Sam got back from Russia yesterday.

여행담을 들을 게 무척 기대돼.

I can't wait to hear all about his trip.

피곤해 보이네.

You look so tired.

빨리 집에 가서 자고 싶어.

I can't wait to get home and go to bed.

회의가 곧 시작됩니다.

We're going to start the meeting soon.

여러분의 아이디어를 들을 게 무척 기대되는군요.

I can't wait to hear everyone's ideas.

POINT!

기대감을 **30% 높여** 표현하면 딱 좋다.

32 선뜻 '기대감'을 높이자

You'll never believe...
분명 깜짝 놀랄 거예요

대화의 분위기를 띄우기 위해 '머리말'을 사용하는 것도 좋은 방법입니다. 머리말을 사용해 단숨에 기대감을 높여 대화에 생기를 불어넣는 거죠. 이때 사용하는 표현으로 You'll never believe...가 있습니다.

직역하자면 '~을 절대 믿지 못 할 거야'입니다. 매우 놀란 것에 대한 흥분을 전할 때 쓰는 시작 표현이에요. 예를 들어 'How was the movie?'(영화 어땠어?)라는 질문에 You'll never believe what happens in the ending.(결말이 정말 놀라워)과 같이 답할 수 있습니다.

원어민은 이처럼 종종 대화에 기대감을 높이는 양념을 더해 분위기를 띄웁니다. 여러분도 꼭 시도해 보세요.

어젯밤 파티는 어땠니?
How was the party last night?

누구를 만났는지 알면 깜짝 놀랄 거야!
You'll never believe who I saw!

그 책 어땠어?
How was the book?

엄청 재밌었어. 살인범이 누구인지 들으면 깜짝 놀랄 거야.
It was a great read. You'll never believe who the killer was.

네 문제에 대해 부모님께 말씀드려 봤니?

Did you talk to your parents about your problem?

그때 부모님의 반응을 봤다면 깜짝 놀랐을 거야.

<u>You'll never believe</u> how my parents reacted.

ABC사와의 협의는 어떻게 되고 있나요?

How are the negotiations with ABC going?

믿기지 않을지도 모르지만, 우리 제안을 거절했어요.

<u>You'll never believe</u> it, but they rejected our offer.

그 선글라스 정말 멋지네요.

I like your sunglasses.

이게 얼마인지 알면 놀라실 거예요!

<u>You'll never believe</u> how much they cost!

그 계약을 체결했니?

Did you finalize the contract?

뭐 그렇지! 그들이 제시한 금액을 들으면 깜짝 놀랄 거야!

Yes! <u>You'll never believe</u> how much they offered!

POINT!

이 표현을 사용해 대화의 분위기를 한 방에 높이자.

'good'보다 'great'을 쓰자

It'll be great to...
~할 수 있으면 좋겠어요 / ~하는 것이 기대돼요

기대감을 전하며 분위기를 띄울 때 쓰는, great이 자주 사용되는 표현이 있습니다. 바로 시작 표현인 It'll be great to...죠.

앞서 소개한 'I'm so excited about...'이나 'I can't wait...'처럼 자신의 감정을 강하게 드러내기 보다는, 비교적 담담하게 '~을 기대하고 있다' 정도의 느낌으로 쓰입니다.

덧붙여 great을 'good'으로 바꿔 말하는 것은 그다지 추천하지 않아요. 'good'의 경우 '나쁘지는 않아' 정도의 뉘앙스이기 때문에, 설레는 기분을 충분히 표현하기 어렵습니다. '그거 좋네!'나 '굉장하구나!'와 같이 상대를 칭찬할 때에도 'That's good.'을 쓰면 조금 차가운 느낌을 줄 수 있으니 반드시 That's great!을 쓰세요.

주말 잘 보내!
Enjoy your weekend!

고마워. 푹 좀 쉬고 싶어.
Thanks. <u>It'll be great to</u> relax.

고등학교 동창회가 기다려져.
I'm looking forward to going to our high school reunion.

모두 다시 만날 게 기대돼.
<u>It'll be great to</u> meet everyone again.

ABC사가 우리의 제안을 받아들였습니다.
ABC has accepted our proposal.

그들과 계약이 잘 마무리되면 좋겠네요.
<u>**It'll be great to**</u> **finalize a contract with them.**

이만큼 일을 끝낸 뒤 가족을 만나면 기쁘겠군요.
It must be nice to see your family after all this work.

네. 이번 주말에 아이들과 시간을 보낼 게 기대돼요.
I know. <u>**It'll be great to**</u> **spend time with my kids this weekend.**

훨씬 몸이 좋아졌어요. 다음 주면 다시 경기를 할 수 있겠습니다.
I'm completely better. I can come back to play next week.

돌아온다니 기쁩니다.
<u>**It'll be great to**</u> **have you back.**

컨설턴트가 왔어요.
The consultant is here.

잘됐네요. 다른 사람의 의견이 듣고 싶었거든요.
Brilliant. <u>**It'll be great to**</u> **get a second opinion.**

POINT!

분위기를 띄우는 데에는 **good**보다 **great**이라는 것을 기억하자.

34

어찌 됐든 '밝게' 격려하자

I'm sure you'll...

분명 ~라고 생각해요

상대가 불안한 감정을 토로할 때 최고의 의사소통 방법은 선뜻 긍정적인 대답을 해 주는 거겠죠. 이를 통해 상대와의 심리적 거리도 한층 좁힐 수 있고요.

예를 들어 'I don't know if I can pass this test.'(시험에 합격할 수 있을지 모르겠어)와 같이 상대가 약한 모습을 보일 때, 상냥하게 격려해 주고 싶다고 가정해 봅시다.

우리말로는 '괜찮아', '힘내'라는 느낌이겠죠. I'm sure을 사용해 이와 같은 뉘앙스를 나타낼 수 있습니다. 근거가 없더라도 밝게 I'm sure you'll do well.(당신이라면 좋은 결과를 낼 수 있어요)이라고 말해 주는 편이 좋아요. 원어민이 정말 자주 사용하는 표현이랍니다.

우리 부부는 해외에 가 본 적이 없어요. 정말 걱정되네요.
My husband and I have never been abroad before. We're so nervous.

분명 그곳에서 즐거운 시간을 보낼 거라고 생각해요.
I'm sure you'll have a great time there.

좀처럼 제 적성에 맞는 일을 찾기 어렵네요.
I just can't seem to find the right job for me.

분명 당신에게 맞는 일을 곧 찾을 수 있을 거예요.
I'm sure you'll find one that suits you soon.

죄송하지만, 몇 가지 의문이 있어요.

I'm sorry, but I have some doubts.

제 발표를 듣고 나면 납득하실 수 있을 거예요.

<u>**I'm sure you'll**</u> **agree with me after my presentation.**

당신 부모님을 만날 게 긴장돼.

I'm nervous about meeting your parents.

분명 잘 지낼 수 있을 거야.

<u>**I'm sure you'll**</u> **get along great.**

※ get along = 잘 지내다

이 새 컴퓨터는 정말 쓰기 어렵네!

This new computer is so confusing!

곧 익숙해질 거야.

<u>**I'm sure you'll**</u> **get used to it.**

환영 연설에서 어떤 말을 해야 할지 모르겠어요.

I don't know what to say during my welcome speech.

분명 무언가 생각날 거예요.

<u>**I'm sure you'll**</u> **think of something.**

POINT!

상대와 기 싸움할 것 없이 쿨하게 격려해 주자.

'만약'이라고 이야기하자

Let's say...

예를 들면 / 가령 ~라고 한다면

'가정' 표현이라고 하면 'if'가 떠오르는 분들이 많죠? 하지만 실은 사용하기 정말 편한데 학교에서 잘 가르쳐 주지 않는 가정 표현이 있습니다. 바로 Let's say...예요.

if절은 종속절이기 때문에, 반드시 주절과 짝을 이뤄야 합니다. 반면 Let's say...가 사용된 문장은 Let's say you can't get the job. Then what?(가령 일자리가 정해지지 않는다고 합시다. 그러면 어떻게 할 생각인가요?)처럼 뒤에 평범하게 문장을 연결하면 되니 간단해요.

여기에 더해, 'Let's say...'는 '~라면 어떨까요'나 '어디까지나 예를 드는 것 뿐인데요'와 같이 제안에 가까운 뉘앙스로도 자주 사용됩니다.

예를 들어 세계 어디든 갈 수 있다면, 어디에 갈 거니?
Let's say you're free to go anywhere in the world.
Where would you go?

글쎄, 핀란드지 싶네.
Hmm, I would say Finland.

예를 들어 길에 떨어진 10만 원을 발견했다면, 어떻게 할 거니?
Let's say you find 100,000 won on the ground. What would you do?

경찰에 신고할 거야.
I'd report it to the police.

예를 들어 퍼시픽 호텔(Pacific Hotel) 로비에서 10시 30분은 어때요?
<u>Let's say</u> 10:30 at the lobby of the Pacific Hotel?

좋아요, 거기에서 만납시다.
Sure, let's meet there.

거기까지 한 시간쯤 걸린다고 칩시다. 몇 시에 출발하는 게 좋을까요?
<u>Let's say</u> it takes an hour to get there. When should we leave?

5시는 어떨까요? 만약을 위해 말이죠.
How about 5:00? Just in case.

돈 좀 빌리고 싶은데. 한 50달러 정도.
I need to borrow some money. <u>Let's say</u> 50 dollars.

돈이 왜 필요한데?
Why do you need it?

캘리포니아 지사에 그를 전근 보내면 어떨까요?
<u>Let's say</u> we transfer him to the California branch.

좋은 생각이네요. 그의 영어는 완벽하니까요.
That's a good idea. His English is perfect.

POINT!

if나 **for example**에서 나아가 술술 말해 보자.

'~라고 한다면요?'라고 되받아치자

What if...?

~라고 한다면?

'~라고 한다면 어떨까?'라고 상대의 말을 쉽게 되받아칠 수 있는 표현이 있다면, 빠른 속도로 영어 회화를 할 수 있는 강력한 무기가 되지 않을까요? 바로 What if...?라는 표현을 통해 그렇게 할 수 있습니다.

Let's say...처럼 이 표현을 사용하면 원래는 더욱 길었을 문장을 간단히 말할 수 있어요. 예를 들어 'We're having the barbecue party this Saturday.'(이번 주 토요일에 바비큐 파티를 열 거야)라는 말에 '비가 오면 어떻게 할 거니?'라고 답하는 상황을 가정해 봅시다. What if를 사용하지 않으면 'What would you do if it rains?'가 되지만, What if를 사용하면 What if it rains?라고 간단히 대답할 수 있게 됩니다.

이번 주 토요일에 바비큐 파티를 열 거야.
We're having the barbecue party this Saturday.

비가 오면 어떻게 할 거니?
What if it rains?

걱정 마, 제임스(James)는 제시간에 올 거야.
Don't worry, James will be here on time.

혹시나 그가 늦으면?
What if he comes late?

이것이 저희 회사의 최신 상품입니다.

This is our newest product.

디자인은 좋지만, 고객이 비싼 가격을 받아들이지 못하면 어쩌죠?

I like the design, but <u>what if</u> our customers don't like the higher price?

긴장돼 보여. 무슨 일이야?

You look nervous. What's wrong?

실수하면 어떡하지?

<u>What if</u> I make a mistake?

어디서 점심 먹을까?

Where should we have lunch?

저기 새로운 식당에 가 보지 않을래?

<u>What if</u> we try that new restaurant?

새 웹 사이트가 사용하기 어려워요.

The new website is hard to use.

좀 더 단순한 디자인으로 해 보면 어떨까요?

<u>What if</u> we try a simpler design?

POINT!

긴 가정법 대신 **이 표현**으로 간단히 말해 보자.

'지금 뭐라고 했어?'라는 말에 변화를 주고 싶을 때

'아는 척'은 예상치 못한 문제의 씨앗이 될 수도 있어요. 하지만 그렇다고 'Pardon?'만 계속 말하는 것도 조금 생각해 볼 일이죠. 'Pardon?' 말고도 여러 가지 표현이 있으니 적당히 활용하며 대화 중에 이해가 안 되는 부분을 계속 묻고 확인하세요.

격식

한 번 더 말씀해 주시겠습니까?
Could you repeat that?
→ 상당히 정중한 인상을 주는 되묻기 표현입니다.

한 번 더 말해 주세요.
Run that by me again.
→ 미국에서 주로 사용하는 상투적인 표현으로, Could you run that by me again?(한 번 더 부탁드려도 될까요?)과 같이 쓰기도 합니다.

죄송합니다, 뭐라고 말하셨나요?
I'm sorry?
→ 말끝을 올려 말하면, I'm sorry. What did you say?의 의미로 사용할 수 있습니다.

뭐라고 했어?
What's that?
→ 상대의 말을 듣지 못했을 때 곧바로 묻는 느낌입니다.

지금 뭐라고 말했어?
Come again?
→ 말끝을 내리는 억양으로 말하면 '또 와요'지만, 말끝을 올리면 되물을 때 사용하는 표현이 됩니다.

비격식

CHAPTER 5

부정・반론하기
매끄럽게 '의견'을 끼워 넣으며
대화를 이어가자

내 것으로 만들 표현

죄송하지만

기분 상하지 않으셨으면 좋겠습니다만

~에 대해 신중히 생각해 봐요

그다지 ~하고 싶지 않네요

분명 그렇지만, ~라고 생각하지 않나요?

~가 진심인가요? / 정말요?

37 '죄송하지만'으로 대화의 맥을 끊자

> 이렇게 사용해 봐!

Sorry, but...
죄송하지만

대화 중 모르는 말을 확인하고 싶거나, 상대에게 의견을 전하고 싶을 때 등 잠시 대화 흐름을 멈추려고 할 때가 있죠. 그럴 때 '말을 잠시 끊을 것 같은데요' 또는 '죄송합니다'라는 의미로 쓸 수 있는 관용구가 바로 Sorry, but...입니다.

우리말과 마찬가지로, 대화의 흐름을 끊을 때는 말투에 따라 대화의 분위기가 나빠질 수 있어요. 'I'm having a hard time understanding your plan.'(당신 계획을 잘 모르겠어요)나 'I have to leave now.'(이제 자리를 떠야 해서요)처럼 말하기 좀 껄끄러운 내용을 꺼낼 때는 Sorry, but...(죄송하지만) 뒤에 하고 싶은 말을 붙이세요. 상대를 배려하는 동시에 원하는 메시지를 전할 수 있답니다.

다음 주 일요일에 캠핑 가지 않을래?
Why don't we go camping next Sunday?

미안하지만, 그날에는 계획이 있어.
<u>Sorry, but</u> I have plans on that day.

이 셔츠 M 사이즈가 있나요?
Do you have this shirt in a medium size?

죄송합니다만, 품절됐어요.
<u>Sorry, but</u> we are all sold out.

104

이런 기회를 놓치지 마세요.

You can't miss this opportunity.

죄송합니다만, 그 제안에 별 관심이 없네요.

<u>**Sorry, but**</u> **I'm not interested in the offer.**

스티브(Steve), 잘 지냈어?

Steve, how have you been?

죄송합니다만, 우리 만난 적이 없는 것 같아요. 제 이름은 제이콥(Jacob)이에요.

<u>**Sorry, but**</u> **I don't think we've met. I'm Jacob.**

다시 생각해 주시겠어요?

Would you please reconsider?

유감이지만, 협상의 여지가 없습니다.

<u>**Sorry, but**</u> **there's no room for negotiation.**

그래서, 이 전화기를 반값에 주신다는 말씀인가요?

So, you're giving me a 50 percent discount on this phone, right?

죄송하지만, 오해하신 것 같네요.

<u>**Sorry, but**</u> **I think you misunderstood.**

POINT!

미안한 표정을 지으며 이야기하자.

'악의는 없어요'라고 말하자

No offense, but...

기분 상하지 않으셨으면 좋겠습니다만

영어 회화도 의사소통이기 때문에 긍정적인 말만 할 수는 없어요. 의견이 다를 때는 아무래도 부정적인 이야기를 해야 할 수밖에 없죠.

원어민은 그럴 때 No offense, but...이라는 표현을 대화에 손쉽게 끼워 넣습니다. offense는 '악의', '무례'라는 의미의 명사로, '악의가 있는 말을 하려는 건 아닙니다만 ~', '기분이 상하지 않으셨으면 좋겠습니다만~'이라는 의미입니다.

No offense is meant.(악의는 없어요)의 준말로 생각해도 좋아요. 아울러 No offense.(나쁘게 받아들이지 말아 줘요)라는 말에 No offense taken.이라고 답하면 '나쁘게 받아들이지 않았어요'라는 뜻이 된답니다.

이것이 저희의 최선의 제안입니다.
This is our best offer.

나쁘게 받아들이지 않으셨으면 합니다만, 수용하기 어려울 듯합니다.
<u>No offense, but</u> I don't think we can accept.

제 발표에 뭔가 조언해 주실 게 있을까요?
Do you have any advice about my presentation?

기분 상하지 않으셨으면 좋겠습니다만, 조금 복잡해 보이네요.
<u>No offense, but</u> it seems a bit complex.

No offense, but I don't think we can accept.

마이크(Mike)가 일을 잘 하고 있다고 생각하지 않아요.
I don't think Mike is doing a good job.

나쁘게 받아들이지 않으셨으면 합니다만, 잘못 알고 있는 것 같아요.
<u>**No offense, but**</u> **I think you are mistaken.**

일 끝난 뒤에 한잔하러 가자.
Let's have drinks after work.

나쁘게 받아들이지 않았으면 좋겠는데, 내일 좀 일찍 출근해야 해서 말이야.
<u>**No offense, but**</u> **I need to be in the office pretty early tomorrow.**

이것 좀 도와주시겠어요?
Could you help me with this?

기분 상하지 않으셨으면 좋겠습니다만, 지금 하고 있는 일에 집중해야 해서요.
<u>**No offense, but**</u> **I need to focus on what I'm doing now.**

오늘 회의가 있었는지 몰랐습니다.
I wasn't aware there was a meeting scheduled today.

나쁘게 말하려는 건 아니지만, 다들 그것에 관련해 똑같이 메일을 받았어요.
<u>**No offense, but**</u> **we all received the same e-mail about it.**

POINT!

절대 부정적인 말을 노골적으로 하지 말자.

하기 어려운 말은 'Let's'로 지적하자

Let's be careful about...
~에 대해 신중히 생각해 봐요

한국인과 마찬가지로 원어민도 상대에게 거침없이 부정적인 지적을 하지는 않아요. 어쩌면 원어민이 한국인보다 더 돌려 말하기 때문에 대화를 이해하기 어려울지도 모르죠.

하지만 앞으로 Let's be careful about...을 사용하면 보다 쉽게 지적할 수 있을 겁니다. '당신뿐 아니라 저도 주의해야겠네요'라는 분위기이기 때문에 설교처럼 들리지 않아요. '이렇게 하는게 더 좋을텐데'하는 점을 상대의 기분을 상하게 하지 않으며 전할 수 있습니다.

'about' 뒤에 명사나 동명사(-ing)를 써도 좋고, '~하는 방법은 조심합시다'라고 말하려면 Let's be careful about how to...와 같이 뒤에 'how to'를 붙여도 좋습니다.

10킬로그램이나 쪘네!
I gained ten kilograms!

식사에 신경 쓰는 게 좋겠어.
<u>Let's be careful about</u> what we eat.

우리 선생님은 정말 바보같다니까!
My teacher is so stupid!

말 조심하자.
<u>Let's be careful about</u> our language.

이 셔츠 너무 캐주얼한가?

Is my shirt too casual?

드레스 코드에 맞추자.

<u>**Let's be careful about**</u> **following the dress code.**

새 TV를 사자!

We should buy a new television!

돈을 신중하게 쓰자고.

<u>**Let's be careful about**</u> **how we spend our money.**

집에서 종일 TV만 봤어.

I stayed at home and watched TV all day.

시간을 의미 있게 쓰기로 명심하자.

<u>**Let's be careful about**</u> **using our time wisely.**

계산이 맞는지 자신이 없네.

I'm not sure my figures are right.

한 치도 틀리지 않게 조심하자고.

<u>**Let's be careful about**</u> **not making any mistakes.**

POINT!

상대를 비난하는 느낌 없이 밝게 말하자.

40

'별로...'라고 부드럽게 거절하자

이렇게 사용해 봐!

I'd rather not...
그다지 ~하고 싶지 않네요

상대에게 'No'라고 말하고 싶을 때, 'I don't want to...'나 'I'll never...' 등의 말투는 너무 직설적이라 과격한 인상을 줄 수 있어요. 이런 상황이 바로 I'd rather not...이 활약할 때입니다. '가능하다면 ~하고 싶지 않다'는 뉘앙스로 '사실 별로라고 생각해'라는 느낌을 전할 수 있어요.

약간은 조심스러우면서도 날 서지 않은 표현이니 정말이지 사용하지 않을 수 없는 표현이랍니다. '사실은 싫지만, 어쩔 수 없지'라고 말하고 싶을 때는 I'd rather not과 'but'을 조합해 사용해도 좋아요. I'd rather not go shopping now, but I've got nothing in my refrigerator.(지금 그다지 쇼핑하러 가고 싶지 않은데, 하지만 냉장고가 텅 비었지 뭐야)라는 식입니다.

파티에 몇 명이 올 예정인가요?
How many people are going to your party?

사람을 그다지 많이 부르고 싶지는 않아요.
I'd rather not invite a lot of people.

체중이 얼마나 되나요?
How much do you weigh?

그다지 답하고 싶지 않네요.
I'd rather not say.

뭔가 곤란한 일이라도 있어?
Is there anything troubling you?

그 얘기는 그다지 하고 싶지 않아.
I'd rather not talk about it.

이 노트북은 1,000달러야.
This laptop is 1,000 dollars.

나라면 그렇게 비싼 건 안 사.
I'd rather not spend that much money.

빨리 끝낼 필요는 없어요.
You don't need to finish it right away.

그다지 모든 걸 시간 빠듯하게 남겨 두고 싶지는 않아요.
I'd rather not leave everything until the last second.

회의를 다음 주로 연기하는 건 어떨까요?
How about postponing the meeting to next week?

필요 이상으로 일을 미루고 싶지는 않아요.
I'd rather not delay things any longer than I need to.

POINT!

not 뒤에는 **동사 원형**을 붙이기만 하면 된다.

41 'Yes'라고 말하며 반박하자

이렇게
사용해
봐!

Yes, but don't you think...?

분명 그렇지만, ~라고 생각하지 않나요?

우선 Yes라고 말해 상대의 이야기를 받아들인 뒤에 '하지만...'이라고 반론하는 것은
원어민이 자주 사용하는 대화 기법입니다. 말하는 사람 입장에서도 상대의 이야기에
'No'라고 답한 뒤 부정적인 말을 이어 가기보다는 Yes, but...의 형태로 부정하는 편
이 훨씬 편하죠.

우리말에서도 '아니, 그건 아니죠'보다는 '그럴 수도 있겠네요, 다만...'이라고 하면 하고
싶은 말을 쉽게 할 수 있지 않나요?

게다가 Don't you think...?는 '~라고 생각하지 않습니까?'라는 의문형이기 때문에
강요하는 느낌이 들지 않아요. Yes로 상대의 말을 제대로 받아준 다음 한결 조심스럽
게 질문하면 상대도 기분 나빠하지 않을 거예요.

쇼핑하러 가자!
Let's go shopping!

좋은데, 그 전에 밥을 먹는 게 좋지 않을까?
<u>**Yes, but don't you think**</u> **we should eat first?**

제 컴퓨터 좀 봐 주시겠어요?
Could you take a look at my computer?

좋습니다만, 전문가에게 보여 주는 편이 좋지 않을까요?
<u>**Yes, but don't you think**</u> **we should ask an expert?**

Yes, but don't you think we should eat first?

프로젝트에 착수하자고.

Let's get started on the project.

좋은데, 상사의 허가가 필요하지 않을까?

<u>**Yes, but don't you think**</u> **we should get permission from the boss?**

해변에 가지 않을래?

Do you want to go to the beach?

좋아, 그런데 수영하기에는 너무 춥다고 생각되지 않니?

<u>**Yes, but don't you think**</u> **it's a little bit too cold for swimming?**

나에게 이 셔츠가 어울릴까?

Does this shirt suit me?

괜찮을 것 같은데, 소매가 조금 짧지 않아?

<u>**Yes, but don't you think**</u> **the sleeves are a little short?**

웹 사이트 레이아웃을 바꾸는 게 좋을 것 같아.

We should change the website layout.

그럴지도 모르겠지만, 먼저 고객에게 확인하는 편이 낫지 않을까?

<u>**Yes, but don't you think**</u> **we should check with the client first?**

POINT!

어찌 됐든 의문형이니, 마음 편히 반박할 수 있다.

113

42

'진심이야?'라고 딴지를 걸자

이렇게
사용해
봐!

Are you serious about...?

~가 진심인가요? / 정말요?

지금까지 대화 중 상대를 부드럽게 '부정·반박'하는 방법을 몇 가지 소개했는데요, '진심인가요?'라고 농담처럼 가볍게 말하는 방법도 있습니다. 이때 사용하는 표현은 Are you serious about...?이에요.

상대의 이야기에 '정말로?', '진심이야?'라고 딴지를 거는 것입니다. Are you serious?와 더불어 'Really?'나 'Are you sure?'처럼 가벼운 느낌으로 쓰이는 표현이에요. 게다가 이 표현은 원어민이 자주 사용하기 때문에 제대로 익히지 않으면 속도감 있게 대화하기 어렵습니다. 매번 'Really?'만 사용했다면 이참에 한번 사용해 보세요. 단번에 익숙해질 겁니다.

serious는 '진심의, 진지한'이라는 의미로, 어투에 따라서는 그저 있는 그대로 '진실인가?'라고 들릴 수도 있어요.

크리스마스에 바닷가재를 먹는다는 게 정말인가요?

Are you serious about eating lobster for Christmas?

네, 그건 예전부터 저희 집안에서 해 오던 전통이에요

Yes, it's a family tradition.

그거 진심으로 말하는 건가요?

Are you serious about what you're saying?

네, 진심이에요.

Yes, I am.

> Are you serious about eating lobster for Christmas?

ABC사와의 계약을 해지한다는 게 정말인가요?
Are you serious about canceling the contract with ABC?

어려운 판단이었지만, 그렇습니다.
It was a difficult decision, but yes.

진짜로 샐리(Sally)에게 청혼할 생각이니?
Are you serious about proposing to Sally?

물론이지! 큰 결단을 내렸다고!
Of course! It's a major decision!

알래스카로 이사 간다는 거 진심이야?
Are you serious about moving to Alaska?

설마, 농담으로 말했을 뿐이야. 추운 건 정말 싫어.
No, I was just joking. I hate the cold.

정말로 이 일을 하고 싶은 마음이 있나요?
Are you serious about this job?

틀림없어요, 동경하는 일이니까요.
Definitely, it's my dream job.

POINT!

Really?라고 말하고 싶지 않을 때는 대신 **Are you serious?**를 써 보자.

'좋아요!'라는 말에 변화를 주고 싶을 때

'OK!'로는 흔쾌히 승낙하는 느낌을 전할 수 없을 것 같은데....
그런 답답함을 느꼈을 때가 바로, 아래에서 소개하는 표현이 등장할 차례입니다. 'OK!'보다는 친근하고, 원어민이 좋아하는 '흔쾌한 승낙의 표현'을 자유자재로 사용해 보세요!

격식

기꺼이 (그러겠습니다).

With pleasure.

→ '기꺼이 받아들이겠습니다'라는 의미입니다. 'Will you...?' 또는 'Would you...?'로 시작하는 '~해 주시겠습니까?'라는 의뢰에 일반적으로 사용하는 답변입니다.

. . . .

기꺼이 (그러죠).

I'd be happy to.

→ I'd be more than happy to.라고 하면 기꺼이 받아들이는 느낌이 한결 강해집니다. With pleasure.보다는 좀 더 캐주얼한 느낌이에요.

. . . .

물론입니다.

Certainly.

→ Sure.과 같이 승낙이나 허가의 의미로 사용되는 공손한 표현입니다.

. . . .

물론이죠.

Sure thing.

→ Sure.만 써도 좋지만, 짧은 표현이기 때문에 말투에 따라서 '뭐 좋긴 한데'라는 느낌을 줄 수도 있어요. 'Sure thing.'은 친밀감이 담긴 표현이므로 그런 오해를 피할 수 있습니다.

. . . .

문제없어요.

No problem.

비격식

→ Okay.나 Sure.과 같이, 상대의 요청을 흔쾌히 수락할 때 쓰는 표현입니다.

CHAPTER 6

확인하기
이야기를 '결론'짓기 위해 멈추자

43

'부탁하는 점'을 분명히 확인하자

Please make sure...

반드시 ~하도록 부탁드려요

협의 등의 상황에서 서툰 영어로 대화하고 나면, 상대가 내 부탁을 제대로 이해했는지 확인하고 싶겠죠? 하지만 '정말로 이해하셨나요?'와 같이 직설적으로 묻는 건 좀 실례가 될 수 있어요.

그럴 때 Please make sure...을 사용해 간단히 확인할 수 있습니다. '잊지 말고 ~해 주세요'라고 상대에게 대화 내용을 확인하는 시작 표현이에요. 뒤에는 일반 문장을 붙이면 됩니다.

'Be sure...'도 같은 뉘앙스를 갖지만, 일반적으로 'Be sure to lock the door.'(문을 꼭 잠가 둬)처럼 뒤에 to부정사가 오는 패턴으로 쓰입니다.

밖에 나가실 때는 문을 꼭 잠가 주셨으면 합니다.
Please make sure you lock the door when you go out.

네, 알겠습니다.
Okay, I will.

이 일은 꼭 다른 사람이 알지 못하게 해 주시길 바라요.
Please make sure nobody finds out about this.

그 어떤 말도 누구에게도 하지 않겠습니다.
I won't say anything to anyone.

고객에게 계약서를 보내기 전에 꼭 확인해 주세요.

Please make sure you check the contract before sending it to the client.

반드시 꼼꼼히 확인하겠습니다.

I'll certainly check things over.

오늘 저녁에는 꼭 쓰레기를 내다 놓아 줘.

Please make sure you take out the trash tonight.

저녁 식사 후에 할게.

I'll do it after I eat dinner.

샘(Sam)을 꼭 치과에 보내 줘.

Please make sure Sam goes to the dentist.

일하러 가면서 데려다줄게.

I'll drop him off on my way to work.

금요일까지는 꼭 서류를 발송해 주세요.

Please make sure you send the documents by Friday.

그 건은 이미 처리했습니다.

I already took care of it.

POINT!

이것만은 꼭! 해 줬으면 하는 말을 강조하자.

'잘못됐다면 고쳐 주세요' 라고 묻자

Correct me if I'm wrong, but...
제가 틀렸을 수도 있는데

'어쩌면 제 착각일 수도 있는데...'처럼 자신 없지만 상대에게 무언가 확인하고 싶은 것이 있을 때에는 과감히 물어보세요. 그래야 대화가 진전됩니다.

예컨대 앞에서도 'Sorry, but...'(죄송하지만)이나 'Yes, but don't you think...?'(분명 그렇지마는, ~라고 생각하지 않습니까?)와 같은 표현을 소개한 적이 있는데요, 이처럼 영미권에서는 보통 상대를 배려하며 확인하는 표현을 사용합니다.

Correct me if I'm wrong but...은 '혹시 틀렸다면 미안합니다'라는 뉘앙스이니 사용하기 딱 좋아요. 비슷한 표현으로 'If I'm not mistaken, ...'도 있습니다. 이는 '제가 틀리지 않았다면'이라는 의미로, 다소 힘을 뺀 말투로 상대에게 확인할 수 있어요.

틀렸다면 미안합니다만, 당신이 데이비드(David)입니까?
Correct me if I'm wrong, but are you David?

아니요, 그렇지 않아요. 그의 사무실은 이쪽이에요.
No, I'm not. His office is right this way.

제가 틀릴 수도 있지만, 이거 오타인가요?
Correct me if I'm wrong, but is this a typo?

네, 그러네요. 바로 고치겠습니다!
Yes, you're right. I'll fix it right away!

※ typo = 오타, 오자

Correct me if I'm wrong, but are you David?

틀렸을 수도 있는데, 저는 페퍼로니를 주문했을 텐데요.

Correct me if I'm wrong, but I believe I ordered pepperoni.

이런, 죄송합니다! 곧 가져다 드리겠습니다.

Oh, I'm sorry! I'll bring it out right away.

틀렸다면 미안한데, 저 분 너희 어머니 아니시니?

Correct me if I'm wrong, but isn't that your mom?

아니지만, 헤어스타일이 같네.

No, but she has the same hairstyle.

틀렸다면 미안한데, 그거 어제도 입지 않았니?

Correct me if I'm wrong, but didn't you wear that yesterday too?

이건 비슷하긴 한데, 다른 셔츠야.

It's similar, but it's a different shirt.

틀렸다면 미안한데, 면을 더 오래 삶지 않아도 될까?

Correct me if I'm wrong, but shouldn't we cook the noodles longer?

그렇게 해도 괜찮은데, 나는 탱탱한 면이 좋아.

We can, but I like firm noodles.

POINT!

자신이 없어도 **이 표현**을 사용해서 꼭 물어보자.

45

뉘앙스를 '분명히' 하자

What do you mean by...?
~라는 말은 무슨 뜻인가요?

대화 중 뭔가 이해가 되지 않는 것이 있을 때 그대로 넘어가 버리면 대화가 서서히 멈추게 돼요. 따라서 모르는 내용은 가능한 빨리 물어보는 편이 좋습니다. 이렇게 꼬치꼬치 반복해서 묻고 의미를 확실히 이해하는 것이 원어민식 대화법이에요.

예를 들어 의미를 모르는 단어에 대해 'What does 00 mean?(00은 어떤 의미인가요?)이라고 곧장 물어보면 되겠지요.

'말의 의미'가 아니라, '어떤 의도인지'를 확인하고 싶을 때는 What do you mean by...?(~라니 무슨 뜻인가요?)와 같은 형태로 물어보세요. '의미'를 듣기보다는 '어떤 생각으로 말한 건지'를 물을 수 있는 표현입니다.

'거의 끝났다'니 무슨 말인가요?
What do you mean by "almost finished"?

대략 화요일까지는 끝낼 수 있을 것 같아요.
We'll probably finish it by Tuesday.

어째서 '나중에 또 봐'인 거야?
What do you mean by "see you later"?

'안녕'이라고 말하고 싶지는 않거든.
I don't like saying "goodbye".

'갈 수도 있어'라니 무슨 의미인 거야?
<u>What do you mean by</u> "I might go"?

야근을 하게 된다면, 네 파티에 못 간다는 말이야.
I can't go to your party if I have to work overtime.

'둔 곳을 잊었다'니 무슨 말이죠?
<u>What do you mean by</u> "misplaced"?

사실 당신 책을 잃어버렸어요.
The truth is that I lost your book.
※ misplace = 둔 곳을 잊다

'파일을 날렸다'니 무슨 말인가요?
<u>What do you mean by</u> "lost the files"?

제 컴퓨터가 고장 났지만, 아마 복원할 수 있을 것 같아요.
My computer crashed, but I think I can recover them.

'독특'하다니 무슨 뜻이야?
<u>What do you mean by</u> "unique"?

그런 걸 지금까지 본 적이 없다는 말이야.
I've never seen anything like that.

POINT!

모르는 것은 걱정 말고 물어보자.

46

시원하게
'오케이?'라고 묻자

Is it okay to...?
~해도 될까요?

우리말에도 확실히 자리 잡은 '오케이'는 영어에서 일상적으로 쓰이는 단어입니다. 사용하기 어렵지 않은 말이죠.

Is it okay to...?는 '~해도 되겠습니까?'라는 뜻으로 상대에게 허가를 구할 때 쓰는 시작 표현입니다.

좀 더 공손하게 말하고 싶다면 Would it be okay...?를 사용해 보세요. 더욱 정중한 표현으로는 I was wondering if it would be okay...가 있습니다. 다만 꽤나 격식 있는 말투라서 'I was wondering if it would be okay to open the window.'(창문을 열어도 괜찮으실런지요?)처럼 별것 아닌 일에 쓰기에는 좀 과해요. 그러면 오히려 상대가 불편하게 느낄 가능성이 있으니 주의하세요.

서류를 팩스로 보내도 될까요?
Is it okay to send the document by fax?

가능하다면 메일로 보내 주세요.
If possible, please send it by e-mail.

컴퓨터 좀 빌릴 수 있을까요?
Is it okay to borrow your computer?

네, 그러세요.
Go for it.

여기에 가방을 놓아도 될까요?

<u>Is it okay to</u> leave my bag here?

네, 제가 보고 있을게요.

Yeah, I'll keep an eye on it for you.

메시지를 남길 수 있을까요?

<u>Is it okay to</u> leave a message?

물론이죠. 바로 펜 좀 가져오겠습니다.

Of course. Let me grab a pen.

화장실에 가도 될까요?

<u>Is it okay to</u> go to the restroom?

좋습니다만, 서둘러 주세요.

Okay, but make it quick.

남은 피자를 먹어도 될까요?

<u>Is it okay to</u> eat the rest of the pizza?

그러세요, 저는 이미 배가 불러요.

Go ahead, I'm already full.

> **POINT!**

간단한 한마디로 **허락**을 받자.

'확실해요?'라고 거듭 확인하자

이렇게 사용해 봐!

Are you sure...?
~라는 것이 확실한가요?

대화를 나누다 보면 내가 알고 있는 것과 다르거나, 믿기 힘든 이야기가 나올 때가 있죠. 그럴 때 원어민은 Are you sure...?이라고 물어보며 '정말인가요?', '그거 확실합니까?'라고 곧장 확인합니다. 한국인의 입장에서는 이렇게 확인하는 것이 실례라고 느껴질 수도 있지만, 영어 회화에서는 딱히 부정적인 느낌 없이 편하게 쓸 수 있는 표현이에요.

Are you sure 뒤에는 문장을 연결할 수 있습니다. 명사를 붙이고 싶을 때는, Are you sure about that?(그거 확실합니까?)과 같이 문장 대신 <about+명사>를 이어 주면 돼요.

특히 비즈니스 상황과 같은 경우에는 작은 오해가 큰 문제로 이어질 수 있어요. 그러니 이 표현을 사용해 꼭 자연스럽게 거듭 확인해 주세요.

그 회사는 확실히 믿을 수 있는 곳인가요?
Are you sure we can trust that company?

뭐, 평판은 좋은 것 같아요.
Well, they seem to have a good reputation.

정말 같이 영화 보러 안 갈 거야?
Are you sure you don't want to go to the movies together?

응, 집에 있는 편이 좋겠어.
Yes, I'd rather stay at home.

지갑을 공원에서 잃어버린 게 정말이니?
<u>Are you sure</u> you lost your wallet at the park?

잘 모르겠어. 역에서 떨어뜨렸을지도 몰라.
Not really. I might have dropped it at the station.

문을 확실히 잠그신 거죠?
<u>Are you sure</u> you locked the door?

네, 나가기 전에 확인했어요.
Yeah, I checked before leaving.

정말 케이크 안 드실래요?
<u>Are you sure</u> you don't want any cake?

아쉽게도 다이어트 중이라서요.
Unfortunately, I'm on a diet.

정말로 그 일 해낼 수 있겠어?
<u>Are you sure</u> you can handle the work?

전혀 문제없다고!
It's no problem at all!

POINT!

'우선 한번 물어볼게요'라는 느낌으로 가볍게 거듭 물어보자.

48

'함께 해 보자'라고 말하며 확인하자

Let's check and see...

~를 확인해 봐요

앞에서 'Let's'를 통해 말하기 껄끄러운 부분을 지적하는 방법을 소개했는데요. 무언가를 '확인'할 때에도 이걸 사용할 수 있답니다.

중요한 사항이라 확인하고 싶지만, 상대를 믿지 못하는 것처럼 보일까 봐 불안할 때는 'Let's'를 사용해 '함께 확인해 봅시다'라고 말하면 됩니다.

check은 알다시피 '확인하다'라는 의미의 동사입니다. see도 '확인하다'의 뉘앙스를 가지고 있지요. 그러므로 Let's check and see...는 '확실히 확인해 봅시다'라는 의미가 됩니다.

뒤에 'if'를 붙이면 '~인지 아닌지 확인합시다'가 돼요. 'how'나 'what'으로 시작하는 절을 뒤에 연결할 수도 있습니다.

영화가 몇 시에 시작하는지 확인해 봐요.
Let's check and see when the movie starts.

웹 사이트에는 6시 15분이라고 적혀 있어요.
The website says 6:15.

손님들이 우리 상품에 대해 어떻게 생각하고 있는지 조사해 봅시다.
Let's check and see what our customers think of our product.

조사 결과에 따르면, 매우 만족하고 있는 것 같아요.
Our surveys say they are very satisfied with it.

샌디(Sandy)가 우리 의견에 대해 어떻게 생각하는지 확인해 봅시다.
<u>Let's check and see</u> what Sandy thinks about our idea.

그녀가 찬성하지 않을 거라고 생각해요.
I don't think that she'll agree.

매출 상태를 확인해 보죠.
<u>Let's check and see</u> how sales are doing.

이번 분기에는 상승했다고 들었습니다.
I heard they were up this quarter.

그 백화점이 내일 여는지 확인해 봅시다.
<u>Let's check and see</u> if the department store is open tomorrow.

공휴일이지만, 평상시대로 영업한대요.
It's a holiday, but they'll be open as usual.

빨래가 말랐는지 확인해 보자.
<u>Let's check and see</u> if the laundry is dry.

아마 괜찮을 거야. 오늘은 밖이 정말 따듯하니 말이야.
It's probably okay. It's really warm out today.

POINT!

if와 세트로 기억해 두면 사용하기 편하다.

49

'나의 말'로 바꿔 말하자

이렇게
사용해
봐!

So, what you're saying is...?

즉, ~라는 말인가요?

상대가 한 말을 나의 말로 바꿔 되묻는 것은 좋은 영어 회화 연습법입니다.

이 방법을 통해 '나는 이렇게 이해했습니다'라는 메시지를 전하여 상대의 진짜 의도를 확인할 수 있을 뿐만 아니라, 진지하게 듣고 있는 자세를 보여 줄 수도 있죠.

So, what you're saying is...?는 '즉, ~라는 말인가요?'라고 되물을 때 자주 사용되는 단골 표현입니다.

문장의 맨 앞에 So를 붙이는 게 포인트예요. '그렇다면~'과 같은 느낌으로 상대의 주의를 끄는 동시에 대화의 주도권도 가져올 수 있습니다. 꼭 이 표현을 자주 써서 회화 실력을 길러 보세요.

저희 쪽 일정이 꽤나 꽉 들어차 있어서요.
I'm afraid our schedule is pretty tight.

그렇다면 시간이 좀 더 필요하다는 건가요?
<u>**So, what you're saying is**</u> **you need more time?**

전철이 늦은 데다가 길을 잃었어요.
My train was delayed and I got lost.

그 말인 즉슨, 회의에 늦는다고 말하고 싶은 건가요?
<u>**So, what you're saying is**</u> **you'll be late for the conference?**

그게 올바른 판단인지 확신이 안 서요.

I'm not sure if we're making the right decision.

즉, 좀 더 생각할 시간이 필요하다는 말인가요?

So, what you're saying is we need to take more time to think?

이 건에 대해서는 회사로 돌아가서 상사와 이야기할 필요가 있습니다.

I need to take this back to my superiors.

즉, 상사의 승인이 먼저 필요하다는 건가요?

So, what you're saying is you need their approval first?

실수로 당신 메일을 삭제했어요.

I mistakenly deleted your e-mail.

그렇다면 다시 보내 달라는 말씀이죠?

So, what you're saying is you'd like me to send it again?

제 상사가 이 견적에 정말 만족하겠네요.

I think my boss will be very happy with this estimate.

그 말씀은 계약이 성립됐다는 거죠?

So, what you're saying is we have a deal?

POINT!

한 번 이해한 뒤, 나의 말로 바꿔 말하면 영어 회화 실력이 Up!

50 대화를 '자연스럽게' 끝내자

이렇게 사용해 봐!

Okay, so why don't we...?
자 그럼 ~할까요?

아무리 즐거운 대화도 언젠가는 끝낼 수밖에 없죠. 그렇다고 해서 'goodbye'와 같은 말을 갑자기 꺼내는 것도 다소 어색합니다. 어떻게 하면 대화를 자연스럽게 끝낼 수 있을까요?

저를 포함해 대부분의 원어민들은 '대화를 끝내고 싶은 분위기'를 낼 때 흔히 Okay를 사용합니다. '오-케이'와 같이 조금 길게 발음하는 게 포인트예요. 이를 통해 상대에게 '자, 그러면'이라고 어쩐지 대화를 끝내고 싶어하는 느낌을 전할 수 있습니다.

Okay 뒤에 so why don't we...?를 이어 주면 '그렇군요, 그러면 이렇게 할까요?'와 같이 상대의 의향을 물은 뒤 결론을 내리는 느낌을 연출할 수 있는데요. 이로 인해 대화의 주도권을 잡은 채 기분 좋게 대화를 끝낼 수 있습니다.

오늘 저녁은 이탈리아 음식을 먹고 싶은 기분이 아니야.
I don't feel like eating Italian for tonight.

그렇구나, 대신에 중국 음식은 어때?
<u>Okay, so why don't we</u> have Chinese instead?

내일 비가 올 것 같아.
It looks like it'll rain tomorrow.

그러면 바비큐 파티를 취소할까?
<u>Okay, so why don't we</u> cancel the barbecue party then?

이 시간 즈음에는 길이 막힐 것 같네요.

I think there will be traffic around this time.

그러면 전철로 갈까요?

<u>Okay, so why don't we</u> go by train then?

오늘 저녁에는 6시에 끝나.

I finish at 6:00 this evening.

그럼 7시에 레스토랑에서 만날까?

<u>Okay, so why don't we</u> meet at the restaurant at 7:00?

슬픈 영화는 안 보고 싶어.

I don't want to watch a sad movie.

그렇다면 대신 코미디 영화를 빌릴까?

<u>Okay, so why don't we</u> rent a comedy instead?

부장님은 화요일 오후까지 출장 가 계셔요.

The manager will be on a business trip until Tuesday afternoon.

그렇다면 회의를 수요일 아침으로 옮길까요?

<u>Okay, so why don't we</u> move the meeting to Wednesday morning?

POINT!

결론을 확인하며 대화를 끝내자.

'힘내요!'라는 말에 변화를 주고 싶을 때

사실 우리말 '힘내'에 알맞은 영어 표현은 많습니다. 침울한 동료를 격려하거나, 발표를 앞둔 부하 직원에게 용기를 북돋거나, 팀원을 고무시키는 등 원어민은 다양한 상황에 맞게 아래의 표현을 적절히 사용해요.

격식

당신이라면 할 수 있습니다.

You can do it.

→ 말 그대로 '당신이라면 할 수 있어요', '괜찮아요'라고 격려하는 말입니다.

. . . .

힘내세요!

Do your best!

→ 직역하면 '최선을 다해 주세요'입니다. 같은 의미를 가진 표현으로는 Give it your best shot.이 있어요.

. . . .

행운을 빌어요! / 힘내!

Good luck!

→ '행운을 빌어요'의 의미지만, '힘내'의 뉘앙스로도 널리 사용됩니다.

. . . .

무리하지 마!

Take it easy!

→ 침울한 상대에게는 '끙끙 앓지 마'라는 의미의 표현이 되는데요, '마음 편히 갑시다'라고 응원하는 의미로도 사용됩니다.

. . . .

힘내!

Break a leg!

→ 직역하면 '다리를 부러뜨려!'죠. 이 표현의 유래에 대해 여러가지 설이 있지만, 발표를 앞두는 등 특히 많은 사람 앞에서 뭔가를 선보일 사람에게 해주는 상투적인 표현입니다.

비격식

BONUS TRACK

대화를 재치 있게 진행하는 꿀팁

내 것으로 만들 표현

부디 ~해 주세요

그렇다면

제안하고 싶은데요.

누군가에게 들었는데요

~라고 이야기했던가요?

솔직히 말하면 / 정말로

~해도 괜찮을까요?

~에 대해 어떻게 생각하세요?

뭐라고 했어요? / 뭘 했다고요?!

믿기지 않을지도 모르지만

'자, 부디, 어서'라고 세련되게 권하자

Go ahead and...
부디 ~해 주세요

'부디, 좀'이라고 상대에게 무언가를 재촉할 때 Go ahead and...라는 한마디만 떠올려도 한층 센스 있는 영어 실력을 갖출 수 있습니다. and 뒤에는 동사를 붙이면 돼요. 예를 들어 식사 자리에서 상대의 음식이 먼저 나왔다면 Go ahead and eat your food.(부디 먼저 드세요)와 같이 센스 있게 말할 수 있습니다.

'please' 같은 말이 사용되지 않았지만 그렇다고 결코 퉁명스러운 느낌이 아니에요. '제 상관 말고', '사양하지 마세요' 등 상대를 배려하는 뉘앙스가 들어 있는 표현입니다. 누군가 자신에게 '~해도 괜찮나요?'라고 허가를 구할 때나, 길 또는 자리를 양보할 때, 상대와 동시에 말하기 시작할 때와 같은 상황에서는 Go ahead.(부디 먼저)라는 한 마디를 꼭 사용해 주세요.

정말 멋진 집이네요.
This is such a nice house.

감사합니다. 차를 갖고 올 동안 좀 앉아 계세요.
Thanks. <u>Go ahead and</u> take a seat while I get tea.

어디 가니?
Where are you going?

화장실. 먼저 영화 보고 있어도 돼.
The restroom. <u>Go ahead and</u> start the movie.

앗, 내 휴대폰이 울리네.

Oh, my phone is ringing.

어서 전화 받아.

<u>**Go ahead and**</u> **take it.**

어디에 계신가요?

Where are you?

교통 체증에 걸렸어요. 저 빼고 회의 시작해 주세요.

Stuck in traffic. <u>**Go ahead and**</u> **start the meeting without me.**

이것과 관련해 당신의 승인을 받아야 할까요?

Should I get your approval on this?

아니요. 팩스로 보내시면 돼요.

No. <u>**Go ahead and**</u> **send it by fax.**

내게 USB 메모리를 빌려줄 사람이 있을까?

Do you think anybody has a USB drive I can borrow?

그러게. 물어보는 게 좋겠어.

I don't know. <u>**Go ahead and**</u> **ask.**

POINT!

Go ahead.라고 한마디 덧붙이기만 해도 세련된 말투가 된다.

02 '그렇다면'으로 딱 되받아치자

In that case, ...

그렇다면

대화에서 상대의 말을 받아치며 '그렇다면'이라고 대화를 이어가는 경우가 꽤 있죠. 하지만 이걸 영어로 표현할 때 'if...'라고 말하거나, 의외로 말이 잘 안 나오는 경우가 있지 않나요?

이럴 때 요긴한 표현이 In that case, ...예요. '아, 그런 일이라면', '그렇다면'과 같은 뉘앙스로 대화를 이어갈 수 있습니다.

이때 case는 '경우'나 '상황'이라는 의미입니다. That's the case.(사실은 그런 상황이야)라는 표현도 원어민이 꽤 자주 사용해요.

덧붙여 If that's the case, ...도 '혹여 그런 일이라면'이라는 뜻으로 쓸 수 있는 비슷한 표현입니다.

내일 회의에 당신의 참석이 정말 중요해요.
It's really important that you attend the meeting tomorrow.

그렇다면, 일정을 바꾸겠습니다.
In that case, I'll change my plans.

아쉽게도 제가 이탈리아 음식을 그다지 좋아하지 않습니다.
I'm afraid I'm not a big fan of Italian food.

그러시다면, 대신 프랑스 음식점은 어떠신가요?
In that case, how about a French restaurant instead?

이번 주 정말 바쁘네요.

I'm extremely busy this week.

그렇다면, 오늘 오후에 제가 도와 드릴 수 있어요.

<u>**In that case,**</u> **I could help you out this afternoon.**

윗선에서 가격을 10% 더 낮춘다고 합니다.

My superiors are willing to lower the price by a further ten percent.

그렇다면, 분명 흥미가 있습니다.

<u>**In that case,**</u> **we're certainly interested.**

메리(Marie)가 방금 다음 달 유급 휴가를 신청했어요.

Marie just submitted a vacation request for next month.

그렇다면, 그녀의 교대 근무 시간을 메울 사람을 찾아야 하겠네요.

<u>**In that case,**</u> **we'll need to find someone to cover her shifts.**

데이비스(Davis) 씨가 회의에 조수를 데리고 왔어요.

Mr. Davis brought his assistant to the meeting.

그렇다면, 옆방에서 의자를 한 개 더 가져올게요.

<u>**In that case,**</u> **I'll get an extra chair from the next room.**

POINT!

말 한마디로 속도감 있게 말을 되받아치자.

'제안하고 싶은데요'라고 거침없이 말하자

이렇게 사용해 봐!

Here's my suggestion.
제안하고 싶은데요.

대화 중 '이렇게 하면 어떨까요?'라고 무언가 제안하고 싶은 상황이 종종 있습니다. 전에 Maybe we should...(~하는 편이 좋을까요 / p.70 참조)나 I guess we could...(~하는 게 좋을지도 몰라요 / p.72 참조)처럼 부드럽게 제안하는 방법을 소개했는데요, 이번에는 그 응용 버전으로 '제안합니다'라고 콕 짚어 말하는 방법을 알려드리겠습니다. 한 가지 주의할 점은, 이 표현은 단도직입적으로 말하지 않으면 맥 빠진 느낌을 줄 수도 있다는 거예요.

이 표현에서는 보통 명령문을 사용해 제안합니다. '명령문'을 쓰면 다소 강압적인 느낌일 거라고 생각할 수도 있겠는데요, 그저 살짝 캐주얼한 느낌을 더하는 것뿐이니 걱정 말고 자주 사용하세요.

상사의 컴퓨터에 커피를 엎질러 버렸어요.
I spilled some coffee on my boss's computer.

이렇게 해 보면 어떨까요? 정직하게 말씀드리는 거예요.
Here's my suggestion. Just tell him the truth.

이 서류 작성하기 너무 힘드네요.
This paperwork is too difficult.

이건 제 제안인데요, 1층에 가셔서 베키(Becky)에게 도움을 청하는 게 어떨까요?
Here's my suggestion. Go to the first floor and ask Becky for help.

Here's my suggestion.
Just tell him the truth.

다음주 금요일에는 무슨 일이 있어도 꼭 일찍 퇴근하고 싶어요.
I really want to leave work early next Friday.

이렇게 해 보면 어떨까요? 먼저 물어보고 어떻게 될지 확인하는 거예요.
<u>Here's my suggestion.</u> Try asking and see what happens.

고객사의 공장에는 어떻게 가는 게 가장 좋나요?
What's the best way to get to the client's factory?

제안입니다만, 전철로 가장 가까운 역까지 간 뒤 거기서 택시를 타세요.
<u>Here's my suggestion.</u> Take the train to the nearest station, and then go by taxi.

점심 미팅에 무엇을 입고 가야 좋을지 모르겠어요.
I don't know what to wear for the lunch meeting.

이렇게 하면 어떨까요? 셔츠와 수트만 입되, 만약을 위해 넥타이를 챙기는 거예요.
<u>Here's my suggestion.</u> Wear a shirt and suit, but bring a tie just in case.

고객으로부터 서울 관광 안내를 부탁받았어요.
My client asked me to show him around Seoul.

제안입니다만, 낮에는 경복궁에 가고 밤에는 명동에 가는 게 어떨까요?
<u>Here's my suggestion.</u> Go to Gyeongbokgung Palace during the day and then Myeongdong at night.

POINT!

제안은 **명령문**으로 해도 실례가 되지 않는다.

141

'누가 그러던데요'로
확실히 전하자

Someone told me...
누군가에게 들었는데요

'누군가에게 들은 이야기'를 할 때 우리말로 '00(사람 이름)로부터 들은 건데'와 같이 말하는 경우가 많죠. 영어에서도 이와 같이, 'I heard from 00.'라고 말합니다. 이 표현은 우리말로 직역해도 이해하기 쉬워요.

이때 원어민은 사람의 이름을 드러내지 않고 종종 Someone told me...라고 말하기도 합니다. 간단하고 사용하기 쉬운 표현이에요.

'이야기의 출처'를 밝히고 싶지 않을 때는, 'someone'(누군가)이라고 말하면 됩니다. 그 외에도 마찬가지로 '~로부터'라고 출처를 밝히지 않고 말하고 싶을 때에는, A little bird told me.라는 표현을 사용할 수도 있어요. 이름을 밝히지 않은 채 '작은 새가 말해 줬는데'라고 이야기하는 멋진 관용구입니다.

당신이 스페인어를 할 줄 안다고 들었어요.
Someone told me you speak Spanish.

네. 저희 할머니가 멕시코인이세요.
Yes. My grandmother is Mexican.

당신이 요리를 정말 잘한다고 들었어요.
Someone told me you are a really great cook.

뭐라고요? 그건 완전 거짓말이에요!
What? That's not true at all!

Someone told me you speak Spanish.

조쉬(Josh)가 해고됐다고 들었어요.
Someone told me Josh got fired.

정말요? 항상 지각해서 그런가 봐요.
Really? I guess it's because he was always late.

이 셔츠들, 한 벌 사면 한 벌은 공짜라고 들었는데요.
Someone told me that these shirts are buy one get one free.

죄송하지만, 그 서비스는 폴로셔츠에만 적용돼요.
I'm sorry, but that offer only applies to polo shirts.
※ buy one get one free = 1개 사면 1개는 공짜(원 플러스 원)

이번 달에는 더 많은 사람들이 일시 해고될지도 모른다고 들었어요.
Someone told me there might be more layoffs this month.

아직 경기가 좋지 않아서 그런 거겠죠.
I guess the economy is still not doing well.

누가 당신이 리눅스를 사용해 본 경험이 있다고 얘기하더라고요.
Someone told me that you have experience using Linux.

네, 그런 경험이 있어요.
Yes, I do.

POINT!

'I heard that...'(~라고 하더라)도 같은 뉘앙스로 사용된다.

'~라고 말했었나요?'라고 가뿐히 말하자

Did I mention...?

~라고 이야기했던가요?

우리말 대화에서 종종 같은 말을 반복하듯, 영어에서도 당연히 그럴 때가 있습니다. '얘기했던 것 같은데... 그래도 혹시 얘기하지 않았다면 꼭 말해 둬야만 하는' 상황이라면 Did I mention...?을 요긴하게 사용해 보세요.

이 표현을 쓰면 사실 기존에 했던 이야기라도 상대가 '그거, 이미 들었던 이야기인데'라고 머쓱하게 되지 않습니다.

처음 말하는 내용일지라도 Did I mention this product comes with a new feature?(이 상품에 새로운 기능이 추가됐다는 것 아직 말하지 않았죠?)처럼 일부러 강조하고 싶은 부분에도 사용해 보세요. 좋은 세일즈 표현이 될 수 있습니다.

새로운 점장을 고용해야겠어요.

We need to hire a new manager.

제가 매니지먼트 경험이 있다고 말씀드린 적 있나요?

<u>Did I mention</u> I have management experience?

린다(Linda)가 컴퓨터를 잘하네요.

Linda knows a lot about computers.

그녀가 프로그래머라고 말씀드린 적 있나요?

<u>Did I mention</u> she's a programmer?

Did I mention
I have management
experience?

하와이에 정말 자주 가시네요.

You really visit Hawaii a lot.

하와이에 별장이 있다고 말씀드렸나요?

<u>Did I mention</u> I have a vacation home there?

한국어를 정말 잘 하시네요.

You speak Korean very well.

감사합니다. 벌써 10년 넘게 한국에서 일해 왔다고 말씀드렸나요?

Thank you. <u>Did I mention</u> I've worked in Korea for more than ten years?

파티가 정말 기대돼!

I'm so excited for the party!

나도! 내가 선상 파티라고 말했나?

Me, too! <u>Did I mention</u> it will take place on a boat?

그 가게에서 살 게 있니?

Do you need anything from the store?

내가 계란이 다 떨어졌다고 말했었나?

<u>Did I mention</u> we're out of eggs?

POINT!

중요한 이야기를 일부러 **강조**할 때에도 편리하게 써 보자!

'have to'로 긍정적인 느낌을 강조하자

I have to say...
솔직히 말하면 / 정말로

원어민은 감정 표현이 풍부하다고 몇 번 말씀드렸는데요, 마지막으로 하나 더 I have to say...를 소개하겠습니다.

이 표현은 '(사실은 말하고 싶지 않지만) 아무래도 ~라고 말하지 않으면 안 돼'라는 부정적인 상황에서 자주 사용됩니다.

반면에 '아주, 정말로'와 같은 뉘앙스로 긍정적인 내용을 강조하기 위해 사용할 수도 있어요. 예를 들어 'Tonight was really fun.'(오늘 저녁 정말로 즐거웠어요)이라는 감정을 나타내는 표현이 있습니다. 이걸 I have to say tonight was really fun.으로 바꿔 말하면 '정말로, 오늘 저녁 진짜 즐거웠어요'라는 마음 깊은 곳에서 우러난 감정을 드러낼 수 있습니다. 'actually'나 'in fact' 등과 비슷한 뉘앙스예요.

수프는 어떠셨나요?
How did you like the soup?

정말 너무 맛있었어요.
<u>**I have to say**</u> **it was very good.**

식사는 어떠셨나요?
How did you like your food?

정말 전부 다 이렇게 맛있을 줄은 생각도 못했어요!
<u>**I have to say**</u> **I didn't expect everything was so delicious!**

서울을 즐기고 계시나요?

How are you enjoying Seoul?

한국에 방문하는 건 처음인데, 아주 멋지네요!

This is my first time visiting Korea, but I have to say I love it!

우리 회사의 새 웹 사이트를 봤니?

Did you see our new website?

솔직히 말해서, 그거 마음에 안 들어.

I have to say I don't like it.

일을 그만두고 음식점을 열기로 했어요.

I've decided to quit my job and open a restaurant.

솔직히 말씀드리자면, 그거 실수하시는 것 같아요.

I have to say I think you're making a mistake.

저에게 하실 말씀이라도...?

You wanted to speak to me?

솔직히 이번 달 자네 매출 실적이 실망스럽다네.

I have to say I'm disappointed in your sales this month.

POINT!

같은 표현이라도 표정과 말하는 분위기에 따라 뉘앙스가 180도 바뀐다.

07

'괜찮을까요?'라고
품위 있게 묻자

Do you mind if...?

~해도 괜찮을까요?

대화를 하다 보면 '앉아도 될까요?', '빌려도 될까요?', '부탁드려도 될까요?'와 같이 '허가'를 구하는 표현이 자주 필요하죠.

허가를 구하는 표현으로 앞서 Is it okay to...?(~해도 될까요? / p.124 참조) 라는 간단한 표현을 소개했는데요, 여유가 있다면 좀 더 품격 있는 표현인 Do you mind if...?를 기억해 두면 편리합니다.

의미는 비슷하지만 이 표현의 경우 '혹시 제가 ~하면 싫을까요?'라고 돌려 말하는 뉘앙스이므로, 혹여나 '좋아요'라고 대답하고 싶다면 'No.'라고 대답해야 합니다. 'Yes.'라고 말하면 '싫어요'라는 의미가 되니 주의하세요.

여기 앉아도 괜찮을까요?

Do you mind if I sit here?

그러세요.

No, go ahead.

난방기의 세기를 줄여도 괜찮을까요?

Do you mind if I turn down the heater?

그러시죠. 더워지고 있네요.

No. It's getting hot in here.

이 소책자를 한 부 가져가도 괜찮을까요?

<u>Do you mind if</u> I take one of these pamphlets?

물론이죠, 마음대로 하세요.

Sure, help yourself.

당신 우산 좀 빌려도 될까요?

<u>Do you mind if</u> I borrow your umbrella?

여기요, 대신 이 우산을 쓰세요.

Here, take this one instead.

사보에 당신 사진을 사용해도 될까요?

<u>Do you mind if</u> I use your photo for the company newsletter?

가능하다면 사용하지 않으셨으면 좋겠는데요.

I'd prefer if you didn't.

존(John)에게 전할 메시지를 당신에게 부탁드려도 될까요?

<u>Do you mind if</u> I leave a message with you for John?

물론이에요, 메모를 써 주세요.

Sure, just write it down.

POINT!

'좋아요'는 **No**, '안 돼요'는 **Yes**로 대답하세요.

'feel'로 거리를 좁히자

How do you feel about...?

~에 대해 어떻게 생각하세요?

평소 대화할 때 '어떻게 생각해?'라는 표현을 자주 사용하지 않나요? 누구나 자신의 의견이나 생각을 물어봐 주는 것을 좋아할 거예요. 영어 회화에서도 이런 표현을 반복 해서 사용하기를 추천합니다. 대화에 생기를 불어넣을 수 있어요.

이를 나타내는 대표적인 영어 표현으로 What do you think about...?이 있습니 다. 이 표현과 함께 How do you feel about...?도 꼭 자주 사용해 주세요.

think가 의견을 물을 때 쓰인다면, feel은 '느끼는 점을 그대로 말해 주세요'라는 뉘앙 스입니다. 속마음을 잘 끌어내는 표현으로, 상대와의 심리적 거리를 좁힐 수 있어요.

또한 'What에는 think를', 'How에는 feel을' 붙이는 공식을 틀리지 않게 주의하세요.

새로운 로고 디자인에 대해 어떻게 생각하나요?
How do you feel about the new logo design?

정말 좋아요!
I think it looks great!

새로운 정책이 어떻게 느끼나요?
How do you feel about the new policy?

익숙해지는 데 조금 시간이 걸릴 것 같아요.
It'll take time to get used to it.

사무실 이전을 어떻게 생각하세요?

How do you feel about the office move?

어쩔 수 없지만, 제 통근 시간은 길어지겠네요.

It's okay, but it's going to make my commute longer.

내 새로운 헤어스타일 어때?

How do you feel about my new haircut?

정말 잘 어울리는걸!

It really suits you!

마라톤에 참가하는 거 어떻게 생각해?

How do you feel about joining a marathon?

나는 완주 못 할 것 같아.

I don't think I can finish.

다음 프로젝트를 지휘해 보는 건 어때요?

How do you feel about heading the next project?

할 수 있을 것 같습니다.

I think I can do it.

POINT!

What에는 **think**, How에는 **feel**이다. 헷갈리지 않도록 조심하자.

09

'앵무새처럼' 되묻자

You ... what?
뭐라고 했어요? / 뭘 했다고요?!

상대의 말을 못 알아들었는데 어떻게 되물어야 할지 머뭇거린 적 없나요?
반문할 수 있는 표현은 p.102에서도 정리했지만, 가장 간단한 것으로는 〈앵무새처럼
되묻기+what〉이 있습니다. 'I want to buy a car.'라고 상대가 말했는데 'a car' 부분을
확실히 알아듣지 못했다면, You want to buy what?이라고 물어서 확인하세요.
You ... what?은 단순히 확인할 때 말고도 '놀랍다', '기가 막히다', '의외다'와 같은 기
분을 나타낼 때에도 사용할 수 있습니다. 실제로 잘 알아듣고 있지만, 굳이 되물으면
서 자신의 놀란 감정을 상대에게 보여 주는 거예요.
상대가 이 표현을 사용해 묻는다면 표정이나 말투를 참고해 '확인'인지 '놀라움'인지
판단하세요.

언젠가 사업가가 되고 싶어요.
I want to be an entrepreneur someday.

뭐가 되고 싶다고?
<u>**You**</u> **want to be** <u>**what?**</u>

저는 밀레니얼 세대로 간주돼요.
I'm considered as a millennial.

무엇으로 간주된다고?
<u>**You're**</u> **considered as a** <u>**what?**</u>

대학 시절에 해석기하학을 좋아했어요.

I liked analytical geometry when I was in college.

뭘 좋아했다고?

<u>**You** liked <u>what</u>?</u>

고객과 아침 6시에 만나기로 했어요.

I agreed to meet the client at 6:00 in the morning.

뭘 하기로 했다고?!

<u>**You** agreed to <u>what</u>?!</u>

결혼반지를 팔았어요.

I sold my wedding ring.

뭘 팔았다고?!

<u>**You** sold <u>what</u>?!</u>

이 신발을 800달러에 샀어요.

I paid 800 dollars for these shoes.

얼마라고?!

<u>**You** paid <u>what</u>?!</u>

POINT!

'놀랐어!'라는 느낌을 전하고 싶을 때에는 과장된 표정과 음색을 사용하자.

10

'놀랄 걸요'라고
운을 떼자

이렇게
사용해
봐!

Believe it or not, ...
믿기지 않을지도 모르지만

원어민과 영어로 말하던 중 내 생각에는 재미있는 이야기인데 상대가 알아듣지 못해 대화가 어색해진 적이 있지 않나요?

여기서 마지막으로, 약간 고급 영어 표현이지만 익숙해지면 꽤나 사용하기 좋은 Believe it or not, ...을 소개합니다.

이 말을 슬쩍 끼워 넣으면, 말머리에 '지금부터 말할 이야기는 놀랄 만한 일이에요'라는 의미를 전할 수 있어요. 상대가 듣고서 어떻게 반응해야 할지도 확실해지고요.

그리 놀랄 만한 일이 아니더라도, 원어민은 분명 당신의 이야기에 'Wow!', 'That's amazing.'과 같이 알맞게 반응해 줄 거예요.

사실 저는 회계사 일을 하고 있어요.
Believe it or not, I work as an accountant.

그렇다면 분명 수학을 잘하시겠네요!
So you must be good at math!

놀라실 수도 있겠지만, 저는 존(John)과 전에 같이 일한 적이 있어요.
Believe it or not, John and I used to work together.

역시! 그래서 이 일에 그를 지명하셨던 거군요.
I see. That's why you named him for this job.

Believe it or not,
I work as
an accountant.

못 믿겠지만, 결혼식을 취소했어.
Believe it or not, I canceled my wedding.

무슨 일이야?!
What happened?!

사실은 오늘 마이크(Mike)에게 전화가 왔어.
Believe it or not, Mike called me today.

오! 걔 이름 한동안 못 들었던걸.
Wow! I haven't heard his name in a while.

놀랄지도 모르겠지만, 저 여배우였어요.
Believe it or not, I used to be an actress.

우와! 그런 줄 몰랐어요.
Wow! I didn't know that.

사실은 저 토익에서 900점 받았어요.
Believe it or not, I got a 900 on the TOEIC.

대단하군요. 공부 방법 좀 알려 주세요.
That's amazing. Please tell me your study methods.

POINT!

그렇게 놀랄 만한 이야기가 아니더라도 **이걸** 사용해 분위기를 띄우자.

'그럼, 또'라는 말에 변화를 주고 싶을 때

헤어질 때 인사로 항상 판에 박힌 듯 'Goodbye.'만 사용하지 않았나요? 상대와의 친밀도나 상황에 따라 다양한 작별 인사를 하고 싶다면 아래의 추천 표현을 꼭 활용해 보세요.

격식

만나서 즐거웠습니다.

It was a pleasure to meet you.

→ 'pleasure'은 명사이므로 관사 'a'를 잊지 않도록 하세요.

· ·

함께 이야기해서 즐거웠습니다.

Nice talking to you.

→ 대화 끝에 이 말을 듣고서 기분 나빠할 사람은 없어요. 똑바로 눈을 마주치며 말해 보세요.

· ·

그럼, 좋은 하루.

Have a nice day then.

→ 'Have a nice day'는 헤어질 때 쓰는 단골 표현이죠. 'then'에서 '그럼'의 뉘앙스가 더해져요. 전화를 끊을 때에도 사용할 수 있습니다.

· ·

내일 봐.

See you tomorrow.

→ '그럼, 또'라는 의미의 'See you.'나 'See you around.' 등도 자주 사용돼요.

· ·

그럼, 또.

Take care.

→ '(몸) 조심하세요'라는 의미도 있지만, 그냥 '안녕'이라는 작별 인사로도 자주 쓰입니다. 메일의 '맺음말'로 사용할 수도 있어요.

비격식

PART 2

한 단계 더 나아가기

알아 두면 쓸모 있는 효과적인 공부법

'시작 표현'을 사용해
한층 높은 수준의 회화를 목표로 삼자!

이 책에서 소개한 회화 테크닉과 '시작 표현'은 여러분의 영어 순발력을 크게 향상시켜 줄 것입니다. 몇 번이고 반복해서 읽고, 실제로 말해 보며 반드시 '내 것'으로 체화하세요.

시작 표현을 마스터해 나름대로 잘 구사하게 되면, 여러분은 분명 '영어 회화'에 대한 불안이 줄어들고, 자신감이 넘쳐나며, 계속 사용하고 싶은 마음이 커질 거예요.

상대의 말에 다양한 측면에서 파고들어 반응하거나, 단조로운 대화 패턴에서 벗어나게 됩니다. 이를 통해 상대에게 좋은 인상을 남기는 것은 물론, 자기 생각을 확실히 전할 수 있어요.
시작 표현을 자유자재로 다루게 되면, 아마도 아래와 같은 생각이 강하게 들 거예요.

● 좀 더 다양한 화제에 대해 영어로 자유롭게 표현하고 싶다.
● 상대가 한 말을 보다 제대로 이해하고 싶다.
● 영어를 (우리말이 아닌) 영어 자체로 이해하고 싶다.

회화 테크닉과 시작 표현을 완벽히 익혔다면, 이제 한 단계 더 나아가 더욱 깊이 있는 의사소통을 위한 공부법을 알아 봅시다.

영어 실력을 손쉽게 쭉쭉 올릴 수 있는 공부법

읽기 ✕ 듣기

시작 표현을 마스터하자!

　그다음은?

'어휘력'과 '표현력'을 Power Up!

▍'어휘력'과 '표현력' 트레이닝 방법

영어 회화 자체에 대한 거부감이 줄어든 뒤에는, 한 단계 더 높은 목표로 나아가기 위해 '보다 많은 영어를 내 안에 흡수하는' 활동인 '입력(Input)'이 필요합니다.

앞서 '최소한의 어휘력'으로 영어 회화를 하기 위한 방법을 설명했죠. 이때 소개한 '시작 표현'은 어휘력 향상과 비례해 더 큰 효과를 발휘해요.

어휘력 향상을 위해 단어장의 'A'로 시작하는 단어부터 순서대로 외우려다 결국 좌절을 맛본 분들도 많을 거예요. 이 책의 모든 예문이 회화 형식인 것처럼, 어휘력은 문맥 없이 억지로 외운다고 해서 절대 늘지 않습니다.

그렇다면 '어휘력'과 '표현력'을 효율적이고 자연스럽게 훈련하려면 어떻게 해야 할까요?

여기, 제가 추천하는 효과적인 트레이닝 방법을 소개합니다.

▎'읽기'는 모든 영어 스킬을 향상하는 최강의 입력법

영어에는 네 가지 스킬 - 말하기, 듣기, 쓰기, 읽기가 있습니다. 이 중 듣기와 읽기 두 가지는 '입력'에 해당해요.

원어민은 어릴 때부터 듣기를 통해 영어를 입력합니다. 아마 아이들에게는 가장 쉬운 방법일 거예요. 이들은 영어 음성을 자연스럽게 머리에 입력해가며 착실히 말하기 실력을 쌓아갑니다.

하지만 원어민이 아닌 성인에게는 듣기 중심의 입력 방법이 딱히 효율적이지 않아요. 원어민은 두뇌가 말랑한 아기 때부터 24시간 내내 영어를 들을 수 있으니 괜찮지만, 원어민이 아닌 성인이 듣기를 중심으로 영어를 마스터하려면 엄청난 시간이 필요합니다.

반면에 성인 학습자를 위한 외국어 입력법으로는 읽기만큼 효율적인 방법이 없어요. 실제로 읽기 훈련을 통해 듣기 능력도 향상할 수 있습니다. '출력' 스킬인 말하기와 쓰기 능력도 향상되는 건 물론이고요.

지금부터 읽기 훈련 효과를 최대로 끌어올릴 수 있는 테크닉을 알아봅시다.

테크닉 1 ▶ 자신이 '모르는 점'을 찾기

어떤 영어 문장에서 이해가 안 되는 단어나 표현이 있었다고 합시다. 모르는 부분이 하나라면 어떻게든 문장의 의미를 추측할 수 있겠지만, 모르는 부분이 늘어날수록 문장 전체의 의미가 모호해지죠. 듣기에서 이런 상황이 생기면 이해하지 못한 부분이 자꾸 지나가 버리고, '도대체 무엇을 모르는지도 모르는' 경지에 이르기 쉬워요. 그 결과 문제를 계속 방치하고 맙니다.

반면에 읽기의 경우 눈 앞에 영어 문장이 있으니 '모르는 점'이 한눈에 보입니다. 영어를 배울 때는 무엇을 모르는지를 분명히 하는 게 굉장히 중요해요. 어휘를 익히는 데 가장 좋은 방법이 '모르는 점'을 찾는 일이라 해도 과언이 아닐 정도로요.

여러분 중에는 틀리는 것을 겁내는 사람이 많은데, 모른다고 창피해하거나 괴로워하지 않아도 돼요. 오히려 모르는 단어나 표현을 만나는 건 정말 멋진 일입니다. 몰랐던 것을 또 하나 알게 되니 말이죠. 영어 문장을 읽다 발견한 '모르는 표현'은 매번 사전을 뒤지며 찾지 말고, 형광펜으로 칠하거나 연필로 선을 그어 표시한 뒤, 나중에 한 번에 몰아서 의미를 찾아보세요.

테크닉 2 ▶ '같은 주제'를 다룬 글을 집중적으로 읽기

여러분은 한국어가 모국어인 '원어민'이니 저의 몇 배, 혹은 몇 십 배나 되는 '한국어 어휘'를 알고 있을 겁니다. 그 방대한 어휘 중 사전이나 단어장을 통해 의미를 찾고 외운 것이 과연 몇 퍼센트나 될까요? 아마 상당히 적을 거예요.

여러분의 한국어는 대부분 한국에서 일상생활을 하며 기억하고, 같은 말을 반복해 들으며 쌓아 온 결과일 겁니다.

결코 공부를 통해 억지로 머릿속에 밀어 넣은 게 아니에요.

그 말인 즉, 어휘력을 키우기 위해서는 자연스레 몇 번이고 같은 단어를 반복해서 만나야 한다는 겁니다.

그 때문에 영어로 된 글을 읽을 때에도 관련된 내용이나 같은 주제를 다룬 글을 여러 개 읽도록 권장합니다.

같은 주제를 다룬 글에서는 당연히 같은 단어가 몇 번이고 나와요. '테크닉 1'에서 몰랐던 단어는 나중에 찾아보라고 말씀드렸죠? 보통 새로운 단어는 사전에서 한 번 찾는 정도로는 외워지지 않습니다. 하지만 몇 번이고 같은 단어를 만나면 글에서 '어떻게 사용됐는지'를 보며 단어의 의미를 유추할 수 있어요.

이러한 방법으로 머릿속에 들어온 단어의 의미는 가장 오래 기억에 남습니다. 영단어는 문맥과 함께 배워야 머릿속에 확실히 박힌다는 거예요.

그뿐만 아니라 단어의 의미를 계속 유추하다 보면 유추하는 능력도 향상됩니다.

원래 성인 원어민의 어휘력은 5~6만 단어라고 해요. 원어민이 아닌 성인이 이렇게나 많은 어휘를 익히는 일은 불가능에 가깝죠. 이 때문에 모르는 단어나 표현의 대략적인 의미를 파악하는 유추 능력이 중요합니다. 이 능력은 여러 번 읽고 유추할수록 향상돼요. 유추 능력은 여러분이 영어로 대화하는 데 분명 강력한 무기가 될 겁니다!

테크닉 3 ▶ 이해가 되지 않아도 '빠르게' 읽기

읽기 능력에 비례해 듣기 능력도 향상된다고 말씀드렸는데요. 특히 읽기를 통해 영어 표현과 문장의 처리 속도를 높이면 듣기 실력을 키우는 데 큰 도움이 됩니다.

단순히 '읽기'라고 해도 다양한 접근 방법이 존재해요. 그중 하나는 '정독'입니다. 한 줄씩 정확하게 읽고, 모르는 단어가 나올 때마다 사전을 찾는 방법이죠. 모르는 단어를 찾아보고, 조금 긴 문장은 슬래시(/)로 나누어 가며 의미를 이해할 때까지 몇 번이고 다시 읽는 겁니다. 문학의 깊이를 음미하거나 단어의 의미를 여러 각도로 생각하기에는 최적의 방법일 거예요. 하지만 정독을 하는 데에는 다소 시간이 걸리기 때문에 처리 속도를 높이는 훈련으로는 그다지 알맞지 않습니다.

이와 대조적인 읽기 방법으로는 '속독'이 있어요.
속독의 장점 중 하나는 '영어를 우리말로 번역해서 이해하거나', '항상 우리말을 거쳐 영어를 이해하는' 과정 없이도 반복을 통해 영어를 있는 그대로 이해할 수 있게 된다는 점입니다.

영어 문장을 '100% 이해하며' 읽으려는 사람은, 속독을 하다 보면 이해가 잘 안돼 스트레스를 받을지도 몰라요. 하지만 각 단어마다 제자리걸음을 하며 천천히 읽기 보다는, 빠르게 머릿속에 입력하는 방법이 훨씬 큰 장점을 갖습니다.

가장 효율적인 세 가지 읽기 테크닉

테크닉 1
많이 읽고
'모르는 점'을 찾는다

테크닉 2
같은 주제를 다룬 글을
집중적으로 읽는다

테크닉 3
우리말 번역을
생각하지 않고
빠르게 읽는다

반복해서 속독하다 보면 '영어의 문자 정보를 빠르고 효율적으로 입력하는 능력'이 생깁니다. 그렇게 되면 영어를 읽는 일 자체가 즐거워질 거예요.

속도를 늦추지 말고, 모르는 단어는 유추해 읽으며 유추 능력을 훈련하세요.
단어장이 아닌 문맥을 통해 많은 단어를 접하는 과정 속에서 생생한 어휘력이 길러질 겁니다.

속독을 하다보면 정보 처리 속도가 향상되고, 어휘력이 늘면서 알아들을 수 있는 문장이 점점 늘어납니다. 읽기 능력의 향상은 곧, 듣기 능력의 향상으로 이어질 거고요.

▌'말하듯이 쓰며' 부담 없이 쓰기 능력을 단련하자!

읽기를 통해 자연스럽게 구사할 수 있는 어휘가 늘면 당연히 이를 말하기에서도 활용할 수 있어요. 글을 읽으며 외워 두었다가 의식적으로 회화에서 사용한 단어와 표현은 머릿속에 확실히 기억됩니다.
영어 문장을 말하기보다 글로 쓸 기회가 많다면 읽기에서 습득한 표현을 문장을 쓸 때 활용해 보세요.

하지만 앞서 말한 영어의 네 가지 스킬 중에서도 특히 쓰기를 어렵게 느끼는 사람이 많죠. 제가 미국의 고등학교에 다니던 시절, 작문 수업 선생님께서는 이런 말씀을 자주 하셨습니다.
"만약 쓸 내용이 아무것도 생각나지 않는다면 말을 하듯 써 보렴."

맞아요, 사실 영어 쓰기의 기본은 바로 '말하듯이 쓰는' 거예요.

메일 등을 쓸 때에도 말하기와 마찬가지로 부담 없이 도전해 보세요. Twitter와 같은 SNS에 영어로 글을 올려 보는 것도 좋고, 언어 학습자끼리 서로 질문할 수 있는 HiNative라는 애플리케이션을 사용해도 좋아요. 우리말에 대한 원어민의 질문에 답해 주거나, 반대로 원어민에게 영어를 질문하며 지식을 주고받을 수 있어 즐겁게 교류하며 학습할 수 있습니다.

쓰기도 듣기, 말하기와 마찬가지로 읽기를 통해 능력이 향상돼요. 원어민이든 아니든 책을 많이 읽은 사람은 말도 잘하는 법이죠. '읽기'라는 입력 훈련으로 어휘가 풍부해지면, 생각한 것을 딱 맞게 표현하는 능력이 생기기 때문이에요.

어휘가 풍부해지면 회화도 쉬워지고, 영어로 말하는 일이 점점 즐거워져요. 말하는 일이 즐거워지면 말하듯이 영어 문장을 써 보며 쓰기 능력도 기를 수 있고요.
이렇게 영어 능력 향상에 꼭 필요한 '선순환'이 생겨납니다.

▎'듣기' 효과를 최대화하기

앞에서 듣기를 중심으로 한 입력 방법을 권장하지 않는다고 했지만, 그렇다고 해서 듣기를 할 필요가 없다는 건 아니에요.

영어의 네 가지 스킬인 '말하기, 듣기, 쓰기, 읽기'는 상호 보완되면서 향상되기 때문에 여유가 된다면 듣기 훈련도 하는 것이 가장 좋습니다.

듣기 능력이 향상되면 듣고 이해할 수 있는 영어가 늘어 영어 학습이 즐거워집니다. 또한 출퇴근길 전철 등에서 손을 사용하기 어려울 때 듣기만 하는 방법을 쓰면 장소에 구애받지 않고 영어 공부를 할 수 있다는 장점도 있고요.

이번에는 듣기 트레이닝의 효과를 극대화하기 위한 테크닉을 소개하겠습니다.

테크닉 1 ▶ 관심 있는 주제를 활용해 오랜 시간 '집중'해서 듣기

듣기는 집중해서 하지 않으면 의미가 없어요. 하지만 아직 듣기 능력이 많이 부족한 단계에서 알아듣기 힘든 영어를 들으면 집중력이 떨어져 딴 생각을 하기 쉽습니다. 영어를 '흘려들으며' 마스터하기 위한 프로그램이 자주 보이는데, 저는 여기에 의구심이 들어요. 흘려들으면 이해할 수 없고 이해할 수 없으면 배우는 것도 없으니까요.

그래서 저는 듣기를 할 때는 좋아하거나 관심이 있는 주제를 활용하도록 권합니다. '무슨 이야기인지 알고 싶다'는 관심과 호기심을 자극해 집중력을 끌어내는 것이죠. 영국이나 미국의 영화나 TV 드라마를 자막 없이 보는 등 오랜 시간 집중할 수 있는 방법을 고민해 보세요.

코미디 장르의 작품과 같이 등장 인물의 대화가 재미있고 가급적 회화가 많은 콘텐츠가 좋습니다. 마음에 드는 작품을 찾아 몇 번이고 반복해서 보면 들리는 말이 점점 늘어날 거예요.

테크닉 2 ▶ 머리를 쓰며 '적극적'으로 듣기

듣기를 중심으로 영어를 마스터하는 데는 오랜 시간이 걸린다고 했는데, 설령 오랫동안 영어 듣기를 하며 영어를 입력했다고 해도 반드시 실력이 향상된다는 보장은 없습니다. 15년 정도 전에 있었던 일인데요. 제2차 세계대전 직후 미국인과 결혼해 미국으로 이주한 어느 일본인 여성과 영어로 대화를 나눈 적이 있습니다. 그녀는 몇 십 년 동안이나 미국에 살았지만 영어 실력이 형편없었어요.

그녀가 항상 많은 일본인에게 둘러싸여 있어 일본만 해도 생활하기에 충분한 환경이었던 점이 큰 이유 중 하나로 작용했을 겁니다. 그렇지만 이유는 그뿐만이 아니었어요. 그녀는 '그저 수동적으로 듣기만 해도 영어를 익힐 수 있다'고 생각했던 거예요. 제가 그 생각이 잘못되었다고 지적한 뒤 그녀의 영어 능력은 빠르게 향상되기 시작했고, 지금 그녀는 꽤 수준급의 영어 실력을 갖추게 됐습니다.

다시 말하면, 적극적으로 머리를 쓰며 영어를 입력해야만 실력이 향상되는 거예요.

영어를 들을 때는 듣고 난 뒤 내용을 메모로 정리하거나, 알아들은 표현을 써 보는 등 머리를 써서 공부하는 것이 중요합니다.

책 앞머리에서 소개한 MP3 파일도 '흘려듣거나' '수동적'으로 듣지 않도록 주의하세요. 먼저 빨간 가리개로 영어 예문을 가린 뒤, 우리말 해석을 보고 영어 문장을 떠올리거나 중얼거리는 등 적극적으로 머리를 쓰세요. 그다음 원어민 음성을 집중해서 들으면 그날 배운 영문 표현을 머리에 새길 수 있습니다.

▍어쨌든 많이 읽으면 된다.

어찌 됐든 간에 저는 '많이 읽기'를 가장 추천하고 싶습니다.
시간이 무한해서 영어의 네 가지 영역을 골고루 공부하면 좋겠지만, 시간이 없는 와중에 '어쨌든 빠르고 손쉽게 말문을 트고 싶다'면 우선순위를 정한 뒤 가장 효율적인 것부터 해야 해요.

먼저 원어민의 회화 패턴과 활용하기 좋은 시작 표현을 먼저 머릿속에 집어넣은 뒤

기존에 가지고 있는 어휘만으로도 말할 수 있도록 하세요.

그다음에는 한 단계 더 나아가기 위해 닥치는 대로 많이 읽으며 어휘를 늘리세요.
영어를 많이 읽는 것은 술술 말하기 위한 최고의 지름길입니다.
영어를 제대로 읽을 수 있게 되면 분명 말도 잘할 수 있게 될 거예요.
'읽기는 되는데 말하기가 어렵다'고 하는 사람도 있는데, 아마도 그런 사람은 영어를
정확히 읽지 못하는 것이 아닐까 싶어요.
좋아하는 소재라면 무엇이든 괜찮으니 꾸준히 읽어가며 읽기 경험을 쌓아가세요.

듣기의 효과를 극대화하기 위해서는?

**매일 즐길 수 있는 영어 콘텐츠를
머리를 쓰며 집중해 듣자!**

▌'빨리 읽을수록' 재미있어진다.

'읽기는 지루해서 좋아하지 않는다'는 사람이 꽤 있는 것 같습니다. 그 마음도 이해해요. 하지만 사실 빠른 속도로 읽다 보면 읽기를 통해 '쾌감'을 느낄 수 있답니다.

읽는 속도가 중요해요. 예를 들어 아무리 재미있는 대화 주제라도 천천히 읽어야 한다면 지루하게 느껴질 수밖에 없을 거예요.

정말 좋아하는 영화를 1/4 속도로 봤다고 칩시다. 2시간짜리 영화라면 8시간이 되고 말죠. 상상해 보세요. 어떠한 걸작이라도 지루해지고 말아요.
영어 문장을 '1분간 50단어'의 속도로 읽는 건 마치 2시간짜리 영화를 8시간에 걸쳐서 보는 것과 같습니다.

원어민의 독서 속도를 기준으로 1분간 150단어를 읽으면 '느리고', 250단어이면 '그럭저럭이고', 350단어이면 '나무랄 데 없는' 수준이에요.
1분간 500단어 이상 읽을 수 있다면 훌륭한 속독가라고 할 수 있죠.
원어민이 아닌 여러분은 1분간 200단어의 속도로 읽는 것을 목표로 하면 좋을 듯합니다. 이는 원어민이 평소에 영어를 말할 때와 같은 속도예요.
1분간 100단어 이상 읽을 수 있으면 일상 회화는 충분히 따라갈 수 있는데, 1분간 200단어의 속도로 읽는다면 TV 뉴스의 아나운서나 리포터가 하는 상당히 빠른 영어도 듣고 이해할 수 있게 됩니다. 어떠한 영어라도 스트레스 받지 않고 알아들을 수 있게 될 거예요.

1분간 200단어의 속도로 영어를 처리할 수 있다면 영어 실력이 상당한 수준에 이르렀다고 봐도 좋습니다.

‘1분×200단어 읽기 법’을 익히자!

다음은 약 200단어로 이루어진 글입니다. 시험 삼아 1분 안에 읽는 것을 목표로 시간을 재며 읽어 보세요.

의미는 정확히 몰라도 괜찮습니다. 먼저 1분간 200단어를 읽는 속도를 체험해 보는 것이 첫 단계예요.

Julio Diaz was walking home when a teenager walked up to him with a knife. He was afraid that the boy would hurt him, so he handed over his wallet. The young man started to walk away, but Julio called out to him. "You forgot something. If you're going to be taking money from other people all night, you might want to take my coat too. It's cold."

Julio said this to the young mugger because he felt sorry for him. Julio felt the boy was doing this because he really needed the money. The mugger kept walking, but Julio didn't give up. Julio said to him, "I'm hungry. Would you like to join me for dinner?" The mugger stopped and turned around.

They went to a nearby restaurant, and then after a nice meal, Julio said he needed his wallet to pay for the dinner. The boy didn't run away with the wallet and a full stomach. Instead, he returned the wallet to Julio. Julio paid for dinner, and he also bought the mugger's knife from him for 20 dollars.

Julio doesn't know what the young man is doing now, but he hopes that he's a better person than before.

【우리말 번역문】

훌리오 디아스가 집으로 걸어오던 중 10대 소년이 칼을 들고 다가왔습니다. 훌리오는 다칠까 봐 두려워 소년에게 지갑을 건넸습니다. 소년이 자리를 뜨려고 할 때 훌리오가 그를 불러 세웠습니다. "뭔가 잊은 듯한데, 밤새 강도질을 할 생각이면 내 코트도 가져 가는 게 좋지 않겠니? 춥잖아."

훌리오는 그 젊은 강도를 불쌍하게 여겨 말을 걸었던 것입니다. 돈이 필요해 절박한 나머지 이런 짓을 하는 지경에 이르렀을 것이라는 생각이 들었습니다. 강도는 걸음을 멈추지 않았지만, 훌리오는 포기하지 않았습니다. 훌리오는 소년에게 "배가 고프네. 함께 저녁 먹지 않을래?"라고 말했습니다. 강도는 멈춰 서서 뒤를 돌아보았습니다.

둘은 가까운 식당에 들어갔습니다. 맛있게 식사를 마친 뒤 훌리오는 계산을 하려면 지 갑이 필요하다고 말했습니다. 배불리 먹은 소년은 지갑을 들고 도망가지 않았습니다. 대신 그는 훌리오에게 지갑을 되돌려 주었습니다. 훌리오는 저녁값을 치르고 강도가 갖고 있던 칼도 20달러에 샀습니다.

훌리오는 지금 그 소년이 어떻게 지내는지 모릅니다. 다만 훌리오는 그가 예전보다 훌 륭한 인간이 되었기를 바랍니다.

1분 동안 다 읽기에는 의외로 촉박하다고 느끼지 않았나요? 이 관계 대명사는 무엇을 꾸며 주고… 등 일일이 영문 해석을 할 여유도 없었을 거예요. 하지만 빠르게 읽는 습 관을 들이면 영어를 있는 그대로 이해할 수 있게 됩니다.

또 'mugger'은 강도라는 의미인데, 문맥으로 대략 유추할 수 있었을 거예요. 참고로 'Julio Diaz'는 스페인어 계통 이름이니 '줄리오' 대신 '훌리오 디아스'라고 읽습니다.

모든 영어 문장에서는 의미나 읽는 방법에서 조금씩 모르는 부분이 나오기 마련인데, 앞서 말한 것처럼 이러한 부분도 유추하면서 읽으면 유추 능력이 향상됩니다.

영어로 된 글은 서점의 외국 서적 판매 코너에도, 인터넷 게시판에도 무수히 넘쳐납니다. 이 모든 것이 읽기 교재가 될 수 있어요.
처음에는 읽기 어려우니 우리말로 먼저 대략적인 의미를 파악해 둔 기사 등을 읽기 소재로 골라도 좋습니다.

기사의 내용을 알고 글을 읽으면 이해도가 높아져 쉽게 학습 의욕이 떨어지지 않는다는 장점이 있어요.
이러한 훈련법은 영어 능력을 전반적으로 향상시키기 때문에 TOEIC®이나 TOEFL®과 같은 영어 시험 점수를 높이는 데에도 도움이 됩니다. 꼭 시도해 보길 바라요.

한 걸음 더 나아가기 위한 테크닉

◎ 보다 높은 단계를 목표로 했을 때 가장 좋은 방법은 '읽기'이다

◎ '읽기'는 회화 능력은 물론 모든 영어 스킬을 향상하는 가장
   효율적인 공부법이다

   → 자신이 '모르는 점'을 찾는다

   → '같은 주제'를 다룬 글을 집중적으로 읽는다

   → '1분간 200단어' 속도를 목표로 한다

◎ '쓰기'는 말하듯이, 부담 없이 쓴다

◎ '듣기'는 즐길 수 있는 교재를 이용하여 훈련한다

   → '집중'과 '적극적으로 몰두하기'가 실력 향상의 열쇠이다

어쨌든 '즐길 수 있는 방법'으로 영어를 계속 접하세요!

마치며

이 책을 읽어 주셔서 감사합니다. 서두에서도 말했지만 여러분은 중학교와 고등학교 등에서 영어를 배우고, 일상에서도 영어를 많이 접하기에 대체로 영어 능력과 어휘력이 낮지 않은 편입니다.

그런데도 시작 표현이나 회화 패턴을 몰라서 'I am'이나 'You are'로 시작해서 이 말을 끝으로 '어, 음…' 하고 침묵하는 학생들을 몇 년 동안이나 봐 왔어요.

애초에 학생들이 말하고 싶었던 내용은 'I am'이라고 말한 시점부터 '잘 전달되는 표현'과는 거리가 멀어지는 경우가 대부분입니다. 말을 꺼내는 단계에서부터 막혀 버리는 바람에 자연스러운 영어 문장을 원어민에게 전달할 수 없게 되는 거죠.

하지만 여러분은 지금 막 시작 표현에 대해 배웠습니다. 아는 단어를 활용해 말하는 일만 남았을 뿐이에요!

빠르고 손쉽게 배우는 영어책이라 하면 눈살을 찌푸리는 영어 교육자도 있을 수 있겠지만, 이 책의 목적은 우선 무엇이라도 좋으니 영어로 소통할 수 있게 되어 영어에 재미를 붙이고, 영어를 더 배우고자 하는 의욕을 높이는 것입니다.

이 책을 통해 영어를 더욱 잘하고 싶다는 생각이 들었다면 앞으로는 영어로 말할 기회를 최대한 많이 갖도록 항상 명심해 주세요.
그리고 이 책에서 다룬 시작 표현과 여러 단어를 조합해 실전에서 다양한 연습을 쌓아가길 바랍니다.
시도와 실수를 반복하다 보면 자유자재로 구사할 수 있는 표현이 부쩍 늘 거예요.

사실 저는 이 책을 읽는 여러분이 '영어로 말을 잘 못해서 답답한' 감정을 가능한 한 많이 느꼈으면 합니다. 답답함을 느끼지 못하면 이 책을 반복해서 읽고자 하는 마음도 들지 않을 것이고, 이 책을 통해 얻을 수 있는 '하고 싶은 말이 전달되는 쾌감'도 맛볼 수 없을 테니 말이죠.

틀리거나 실패하더라도 말하는 기회를 가질수록 자신감이 붙습니다. 이에 따라 더 적극적으로 말하게 되고, 말하기에 대한 의욕도 높아질 거고요.
이러한 경험을 통해 영어 실력이 향상되는 선순환이 일어나기를 진심으로 바랍니다.

David Thayne

원어민이 즐겨 사용하는 '시작 표현' Top60

혼자 공부하는 영어 습관의 힘: 영어패턴 + 영어회화 편

초판 3쇄 발행 2022년 3월

지은이
데이비드 세인(David Thayne)

옮긴이
박수현

펴낸이
김기중

펴낸곳
(주)키출판사

등록
1980년 3월 19일(제16-32호)

전화
1644-8808

팩스
02)733-1595

주소
(06258) 서울시 강남구 강남대로 292, 5층

가격
12,000원

ISBN
979-11-89719-99-9 (13740)

원고 투고

키출판사는 저자와 함께 성장하길 원합니다. 사회에 유익하고 독자에게 도움 되는 원고가 준비되신 분은 망설이지 말고
Key의 문을 두드려 보세요. Key와 함께 성장할 수 있습니다.   **company@keymedia.co.kr**